펀치

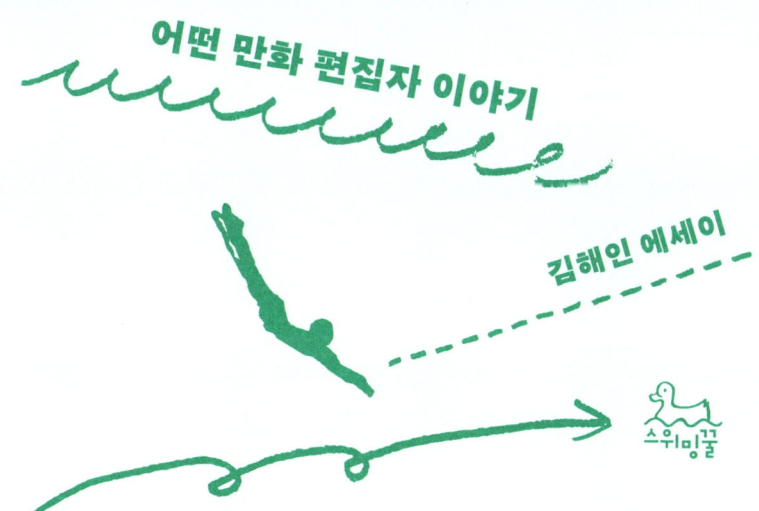

어떤 만화 편집자 이야기

김해인 에세이

스위밍꿀

추천의 글

■ **난다(만화가)**

뭔가를 너무 좋아해서 조금은 이상해져버린 사람들을 좋아한다. 자긴 평범하다고 진짜 평범하다고 고집부리는 사람에게서도 나는 끝내 이상하고 귀여운 점을 찾아내고 만다. 그렇다, 나는야 이상함 헌터. 하지만 그런 나조차도 편집자 앞에 서면 어쩐지 살짝 떨리는 손을 주머니에 넣고 싶은 충동을 느낀다……

 '만화 편집자'.

 나는 그들이 무섭다. 나야 내가 좋아해서 좋아하는 만화를 그리는 건데 이 사람들은 자기가 그린 것도 아닌데 자기 손모가지를—비유가 아니라 진짜로 손목 터널을—걸고 말풍선 수백 개를 옮겨가며 마우스를 천만 번 두드리며 만화책을 만들어내지 않는가. 심지어 작가 자신조차도 별로라고 자학하는 만화를 '세계 최고'라고 확신에 차서 말해준다. 진짜 되게 이상하다 이 사람들……

그중에서도 최근 몇 년간 꽤나 이상하다고 생각한 사람이 있다. 와 이 만화 뭐지 싶으면 발행 정보 페이지에 언제나 등장하는 그 이름, 한 번도 같이 일한 적 없는데 스윽 다가와서 고급 사탕 주고 간 그 사람, 이상할 정도로 SNS에서 맨날 맨날 만화 얘기만 하는, 짐짓 모른 척 지켜봐온 '그 만화 편집자' 김해인씨. (네. 편집자가 만화가를 들여다보면 저희 만화가들도 편집자를 들여다봅니다.)

목차만 봐도 도파민이 샘솟는 그의 에세이를 선 채로 모두 읽은 후, 드디어 이상한 만화 편집자 김해인씨의 비밀을 알아냈다는 쾌감으로 조용히 책을 덮었다.

'아…… 만화 너무 좋아해서 이렇게 된 거구나.'

▌산호(만화가)

인간은 좋다는 감정만으로 뭐든 해내고야 마는 이상한 생물이다. 그러니 이 세상에 만화와 만화가들과 만화 편집자들이 있는 거다. 가장 좋아하는 일은 업으로 삼지 말라는 어른의 농담이 시대의 격언이 되어버린 이 거친 세상에서, 한국의 출판 만화 편집자가 만화를 향해 외치는 '제일 좋아해!'라는 말…… 그것은 이미 고백을 넘어 각오이자 선언이다.

　사랑 곁에서 한 뼘 떨어져 위성으로 맴돌다 '좋아하는데 현실적으로는 좀 그렇지'의 중력에 못 버티고 부서질 바엔, 그렇게 애끓다 조각날 바엔 차라리 운석으로 쇄도해 한몸이 되자! 그렇게 외치며 만화의 행성을 향해 작열하는 유성의 섬광 같은 선언! 이 땅의 만화란 대개 그 유성의 적층 속에서 싹텄으며 이 시점 한국 출판 만화계에서 가장 신선한 기획을 내어놓는 만화 편집자로서 김해인은 그 자체로 쏟아지는 유성우의 연속 펀치다.

　그렇기에 그가 쾌청한 언어로 구사하는 날것의 만화담을 들을 수 있다는 것은 분명 행운이다. 페이지를 넘길 때마다 편집자와 독자의 경계를 넘나들며 쌓아온 경험과 생각이 시시각각 진술한 목소리로 다가온다. 내내 고개를 끄덕이며 '그 마음 저도 알아요'를 외칠 수밖에 없다.

　칸과 칸의 바리케이드, 말풍선과 말풍선의 포화를 넘어 최전방의 수기가 왔으니, 만화를 사랑하는 사람도 사랑하지 않는 사람도(왜 사랑하지 않으시죠?) 모두 이 책의 모서리에 앉혀두고 진솔하게 고백하기를 종용하고 싶다. 당신을 뒤흔든 이야기를, 당신을 전율케 했던 캐릭터를, 당신을 이불 위에 굴린 한 줄의 대사를, 당신 안의 만화를.

■ 박서련(소설가)

여기다 집중선 빡세게 넣어주세요!!! 이 여자가 만화를 사랑하는 마음에 모두 주목하셔야 하니까. 순정 만화처럼 설레고 독립 만화처럼 솔직하며 왕도 소년 만화처럼 뚝심 있게 만화 향한 일편단심을 고백하는데 그게 재미있다. 어떤 만화라도 사랑하지만 아무 만화나 추천하지는 않는 만화계의 대식가 겸 미식가의 취향을 따라잡는 즐거움이 쏠쏠하다. 나와 당신의 한 시절을 대변할 명작 만화들의 추억이 아련하다. 언젠가 김해인은 만화가 될 것 같다. 그런 만화 같은 일도 어렵잖게 상상할 수 있을 만큼 김해인의 만화 사랑은 열혈이다!!! 이 사랑이 영원히 완결되지 않기를 만화의 악마에게 기원한다.

▮**박상영(소설가)**

내가 아는 한 가장 웃긴 편집자이며, 내가 아는 한 가장 이야기를 사랑하는 사람 김해인이 에세이를 냈다. 역시 시종일관 웃기며, 속수무책으로 빠져드는 이야기로 가득차 있다. 이 책을 누구에게 추천해야 할까. 만화를 좋아하는 사람, 그래서 만화 업계의 속사정까지 알고 싶은 사람, 잘 쓰여진 에세이란 뗏목을 타고 흥미진진한 세계로 떠나갈 준비가 된 사람, 다시 말해 이 시대를 살고 있는 모두가 이 책을 읽었으면 좋겠다.

■ 차례

1장
후속 권 출발했습니다 -------------------------- 14
기획의 발화점 -------------------------------- 24
구남친 편집자 -------------------------------- 36
백꾸 --------------------------------------- 46
편집자 불요론에 대처하는 자세 ----------------- 60
만화 표지 작업 이야기 ------------------------ 76
주인공을 위한 신발 --------------------------- 90
말풍선 지옥 --------------------------------- 98
서점 방문기를 쓰다 --------------------------- 110

2장

형은 동생을 사랑한다 ---------------------------- 122
김해인 양은 친구가 없다 ---------------------- 132
2차 창작의 아름다움 ------------------------ 144
패션 오타쿠도 오타쿠다 ---------------------- 158
변태 만화 트로이카 -------------------------- 174
모든 인간에게는 똥구멍이 있다는
새삼스러운 사실에 대하여 -------------------- 186
『데스 노트』에 대하여 ----------------------- 196
만화의 악마 -------------------------------- 212

3장

이 만화가 대단하다! (왜?) -------------------- 226
아침에 싫었다가 점심에 좋았다가
저녁에 내가 쓰게 되는 것은? 에세이. ---------- 238
좀 긴데…… 괜찮겠어? ----------------------- 248
착한 만화 나쁜 만화 따로 있나 ---------------- 264
빤은 만화라니 ----------------------------- 272
오직 재밌는 만화만이 살아남는다 -------------- 280
2023년 오늘의 우리만화상 심사 이야기 -------- 292
순정 만화 불감증 --------------------------- 304
만화책을 들고 읽던 순간 --------------------- 318

일러두기

단행본은 『』, 웹툰, 영화, 노래는 〈〉, 웹진과 잡지는 《》로 표기했습니다.
본문 안의 주석은 작가와 편집부가 함께 작성했습니다.
고유의 글맛과 분위기를 살리기 위해 표기 및 맞춤법에 예외를 두었습니다.

후속 권 출발했습니다

네, 중국집입니다.
아, 제가 주문한 지 꽤 됐는데 아직 배달이 안 와서요.
네네. 출발했어요.
저 아직 메뉴 말 안 했는데요.
아…… 뭐 시키셨나요.
짜장면 하나요.
네네, 출발한 거 맞아요.
저 아직 주소 말 안 했는데요.
아……

오래전에 주문한 점심이 오지 않아 재촉하는 전화를 건 적이 있었다. 그땐 배달 앱이 없던 시절이었고 가게마다 일일이 전화로 주문을 받으며 전쟁통 같은 점심시간을 보내고 계셨을 것이다. 전화를 끊고 알 수 있었다. 이 사람들 내 메뉴 아직 조리 시작도 안 했구나…… 아주 까맣게 잊고 있었구나…… 딱히 화는 나지 않았다. 얼마나 많은 전화가 왔으면 이렇게 답변을 할까. 어디서, 무슨 메뉴를 시켰는지 말도 안 했는데 입력된 답변만 되풀이하는 자동 응답기처럼, 일단 그냥 다 출발했다고. 그리고 시간이 흘러 몇 년 뒤 짜장면 언제 오냐고 전화 걸었던 나는 만화 편집자가 되어 후속 권 언제 나오냐는 전화를 받곤 한다. 언젠가 자동 응답기처럼 되풀이하던 중국집 점원같이. 네네, 편집하고 있어요. 곧 나옵니다. 언제요? 글쎄요. 살다보면 나오지 않을까요……

와야마 야마▪ 만화의 후속 권이 현지에서 나오자마자 에이전시에 문의를 했다. 만화 후속 권의 계약 조건은 앞 권과 크게 다르지 않고 이미 같은 타이틀로 몇 번 계약을 맺은 적이 있으니 평소보다 빠르게 진행할 수 있을 줄 알았다. 오산이었다(경기도 오산 아니다. 이런 저질 농담이라도 하지 않으면 눈물이 나서 쓴다). 계약서가 도착한 것은 12월 중순(일본에서는 12월 초 출간)이었고, 본문 데이터가 도착한 것은 해를

▪ 『가라오케 가자!』로 출간 직후 종합 베스트셀러 1위는 물론, 탄탄한 팬덤이 생길 만큼 화제가 된 작가. 여기서 후속 권은 2023년에 출간된 『여학교의 별』 3권을 가리킨다.

넘겨 3월이었다. 3월이라니. SNS에 작품 검색을 종종 하는 편인데 후속 권 정발▌이야기를 마주할 때면 흐린 눈을 하다가 결국은 검색을 그만두었다.

▌정식 발매. 동인지 혹은 해외 작품이 출판사를 통해 정식으로 출간되는 것을 지칭한다.

변명 같겠지만 사실 이 정도가 통상적인 속도다. 현지 출간, 단행본 계약서 작성, 선인세 송금을 비롯해 출판에 필요한 각종 소재의 수급이 모두 이루어지면 편집을 시작한다. 여기에 번역 기간도 추가된다. 편집을 마치면 저작권사에 한국어판 표지, 본문, 함께 제작한 초판 특전과 같은 굿즈, 홍보 이미지 등을 감수받는다. 이 시기를 기다리는 것이 아주 고통스럽다. 그뒤 저작권사 보시기에 심히 이상 없으셨다면 OK, 인쇄를 하고 한국어판이 출간된다.

글로 적으면 그게 그렇게 오래 걸리나 싶은 과정이지만 상대는 일본 출판사다. 일본 도서를 주로 다루는 편집자들끼리 모이면 컨펌 기간이 보통 어느 정도 걸리냐고 서로 묻고 공유하다가 거기나 여기나 다를 바 없으며, 한 달? 하, 전 두 달도 기다려봤습니다만? 그렇게 누가누가 더 오래 기다려보았는지를 대결하면서 대화가 끝나곤 한다. 딱히 이기고 싶지 않은 대결. 그리고 이런 말 하면 항변 같지만, 아니 항변 맞다. 그냥 변명한다.

변명을 변명이라 하지 뭐라고 하겠는가. 아무튼 한국 정도면 전 세계에서 일본 만화의 정발이 상당히 빠른 편이다. '죠죠' 시리즈라 불리는, 아라키 히로히코의 만화 『죠죠의 기묘한 모험』이 특히 이러한 후속 권 문의를 많이 받는데, 내가 알기로 한국이 전 세계에서 '죠죠' 시리즈를 가장 빠르게 정발하고 있다. 한국은 현재 '죠죠' 시리즈의 8부를 출간중인데, 다른 곳은 이제야 5부, 6부를 출간중이라 한다. 그러니 부디 노여움을 거두어주시길 바라옵나이다. 죠죠 출발했어요. 다만 우리가 빛의 속도로 갈 수 없다면……

편집자나 출판사의 사정을 아는 것을 떠나서 독자로서의 나는 한국어판 정발 속도가 느린 것은 참을 수 있다. 아니, 얼마든지 기다릴 수 있다. 살아 있는 동안 나오겠지. 죽기 전엔 나오겠지. 다음 권 기다리면서 정주행하면 되지. 그러니까, 나 여기서 이렇게 입 딱 다물고 망부석처럼 못박혀 기다리고 있으니까 다음 권 꼭 내주시는 겁니다, 만화 출판사 여러분?

귀여운 그림체에 그렇지 못한 이야기를 그리는 TONO 작가를 무척 좋아한다. 데포르메▪가 두드러지는, 보기 편하고 만화다운 그림체를 좋아하는 편인데 그러한 귀엽고

▪ 캐릭터를 사실적으로 묘사하기보다 간략화하거나 과장하는 기법의 기호화된 그림체.

포근한 그림체로 그려진 살인과 식인, 미움과 증오가 요즘 말로 TONO 유니버스, TONO 만화의 매력이다. 그의 대표작은 마법사가 주인공인 판타지 만화 『치키타★GUGU』나 유쾌한 왕궁 치정극 『칼바니아 이야기』이지만, 나는 『아델라이트의 꽃』을 가장 좋아한다. 귀족 가문의 자제인 주인공 큐브의 눈에는 인간이 짐승으로 보인다. 사람이 사람으로 보이지 않는 큐브에겐 아버지와 할머니까지도 짐승으로 보인다. 상냥하고 아름다운 어머니만은 인간의 모습으로 보이지만, 큐브가 가장 싫어하는 것은 아마도 어머니인 듯하다.

 그의 어머니 파이로프는 매주 목요일 자신의 남편을 두번째 부인 아델라이트가 사는 탑으로 보낸 후 자신은 빵과 과자를 챙겨 거리로 간다. 뭐라도 착한 일을 하고 싶어서. 착한 일이라면 그게 무엇이든 상관없다고 생각하면서. 그런 생각으로 불우한 아이들에게 먹을 것을 나눠주며 그 아이들의 누런 이빨과 더러운 손을 보곤 추하고, 짐승 같다고 생각한다. 얼마 전 1권을 다시 읽으며 이 역겨운 선심(善心)과, 마음껏 혐오하고 미워해도 되는 존재를 사정 안 봐주고 못생긴 짐승으로 그려둔 TONO 작가의 고약함에 감탄했다.

내게 이 만화가 더욱 소중히 느껴지는 이유는 아마
『아델라이트의 꽃』 2권과 3권이 1권 출간 후 약 사 년
만에 나왔기 때문일 것이다. 솔직히 다음 권이 안 나올 줄
알았다. 포기하고 있었다.

   가장 두려운 것은 늦는 것이 아니다. 모종의 이유로
후속 권 출간이 끊기는 경우다. 그리고 그 모종의
이유는 주로 판매 부진이거나 판매 부진, 아니면 판매
부진이라는 이유다……

   썩 유명하지 않거나 인기 없는 만화가 있다. 아니, 그냥
있는 게 아니라 아주 많다. 통탄스럽지만 대부분이 그런
만화다. 아니면 계약 기간 만료 후 연장 없이 바로 계약
종료되어버린 만화들. 그러나 그런 만화라도 독자가
있다. 일본에서는 해당 만화의 후속 권이 쌓여가는데,
하물며 완결에 이르러가는데, 한국에선 N권 이후로 몇
년 동안 정발이 멈춰 있다. 그 사실을 안 순간 구토 및
설사, 심한 발열과 오한, 손떨림을 동반한 호흡 곤란이
온다. 출판사에 문의를 해보지만 구체적인 정발 계획은
아직 없다는 답글을 받는다. 몇 년 전에 나와 같은 이가
문의한 글에도 토씨 하나 틀리지 않은 답변이 달려
있다. (그러던 어느 날 마침내 모든 것을 체념하고 종로
시사일본어학원으로 향한 것이었다.)

시간이 흘렀고 어쩌다보니 내가 후속 권을 내는 입장이 되었다. 그리하여 지금 후속 권을 내는 마음에 대해서 생각해본다. 언제 나오는지 묻는 독자들이 있다. 사실은 무척 감사하다. 다음 권을 이토록 기다려주시는 분들이 있다니. 하지만 판매가 저조한 작품을 기다려주시는 분들께는 어찌 보답할 바를 모르겠어서 죄송하다. 게다가 하나의 타이틀마다 언제 끝날지 모르는 후속 권들이 줄줄이 달려 있다. 일본 만화뿐만이 아니다. 어떤 웹툰은 분명 100화 완결로 알고 계약했는데 150화를 넘어 완결되었다. 그 정도면 추가로 단행본 세 권 정도의 분량이다. 2020년 가을부터 출간되기 시작한 고사리박사 작가님의 『극락왕생』은 2022년 12월에 일곱 권으로 1부가 완결되었는데, 총 3부작이다. 약 삼 년을 걸어왔는데 걸어온 길보다 앞으로 걸어갈 길이 더 멀다. 후속 권만 내는 게 아니라 새로운 타이틀도 내야 하는데 그 신작 역시 또 후속 권이 달려 있으며…… 이럴 줄 몰랐냐고 하면 사실 알았다. 알고 시작했고 그래서 하고 있다. 하지만 알았다고 해서 안 힘든 건 아니지 않나. 그냥 내 인생이 그렇다. 잘 안다. 잘 아는 채로 끝이다. 그냥 잘 알기만 해서 이 지경에 이르렀다.

처음 이 글의 제목은 '후속 권의 늪'이었다. 그런데

후속 권이 그렇게 수렁만 같나? 모든 타이틀의 후속 권을 낼 때면 1권을 내던 기억이 떠오른다. 일본 만화의 국내 정발본이나 웹툰의 단행본 소장을 기다렸던 독자분들, 혹은 책으로 처음 이 작품을 만나는 독자분들을 생각하며 이 작품을 어떻게 소개할까, 어떤 부록을 만들고 어떤 카피를 쓸까 신나 하고 고민도 하던 기억들이 마치 어제 일처럼 떠오른다. 2권도 3권도 아니고 1권이 그렇게 생각난다.

 이 글의 제목을 바꾼 것은 그 생생한 기억 때문이다. 짜장면 배달의 생명이 속도라면, 내가 가야 하는 길은 속도도 속도지만 먼길을 가보자는 뚝심 비슷한, 각오라기엔 조금 거창한 마음, 이 만화가 언제 끝날지도 모르고 중간에 재미없어질지도 모르지만 아무튼 책임져본다는 마음으로 출발한다. 멀고 먼 길을 가는 오랜 시간 동안 작품은 성장한다. 더 재밌어지기도 하고, 애니메이션이나 영화 등으로 모습을 달리해 독자를 넘어 더 많은 이들을 만나러 가기도 한다. 그럴 땐 꼭 작품이 살아 있다고 느껴진다. 그리고 나도 1권을 편집할 때와는 분명히 달라진 모습으로 성장과 성숙 사이 어디쯤을 걸어가고 있다고 느낀다. 아주 많이는 아니고, 이제 이런 실수는 안 하는구나, 싶은 정도? 감히 건방지게 잘한다고 생각하진 못해도 일 보 이 보 나아가고 있음을 느낄 수 있다.

　후속 권을 낼 때마다 내가 제대로 해나가고 있음을 느낄 수 있는 순간이 값지다. 그러니까 앞서 늘어놓은 항변을 한 번만 더 허락해주신다면, 거짓말처럼 들릴 수 있겠지만 한마디를 허락해주신다면, 네네, 짜장면 출발했습니다.

기획의 발화점

우리 출판 편집자 동료 여러분을 만나는 자리에 놓여질 때가 있다. 놓여진다는 말은, 어쩌다보니 그리되었다는 뜻이다. 만화 편집자는 그런 자리에 직접 가지 않는다. 난…… 오타쿠가 아닌 사람이랑은 무슨 이야기를 해야 할지 모르겠다.

 그렇게 귀한 자리에 모였으니 어떤 일을 하는지 이야기 나눈다. 나 역시 편집 일을 하고 있다고 소개한다. 그야 편집자가 맞으니까. 만화 편집자도 편집자니까. 그렇게 깍두기처럼 있다가 뒤늦게 '만화' 편집자라고 덧붙이면 다들 신기하다는 듯 여러 질문들을 하곤 한다. (만화 떼고 편집자라고만 소개하면 되는데 그러면 뭔가 속이는 것 같다.) (왜? 왜 이런 오타쿠적 자격지심이 직업을 소개할 때도 발생하는 것인가?)

의외로 많이 하는 질문 1. 팀원이 몇 명인가? 우리 팀은 나를 포함하여 다섯 명이다. 다섯 명이서 한 해에 100권에 가까운 책을 내고 있다. 다섯 명이서. 한 해에 100권. 중요해서 두 번 말하는 건 아니고 힘들어서 두 번 말해본다. 그러니 열심히 일을 하고 있다. 한 달에 못해도 한 권 이상 출간하는 일은 열심히 안 하면 할 수 없다. 내내 죽는소리하고 있지만 나는 만화 편집자치고 많이 내는 편도 아니다. 만화 전문 출판사에서 일하는 편집자분들의 노고는 이루 말할 수 없다. 만화 편집자 친구들을 만나 올해 무슨 책을 냈는지 이야기할 때마다 모두 하나같이 온라인 서점에 접속해 검색한다. 너무 많아 일일이 기억이 다 안 나서 그렇다……

또 많이 하는 질문 2. 만화 편집자의 업무 생활을 그린 마즈다 나오코의 『중쇄를 찍자!』를 어떻게 보았는지? 만화로 슬럼프를 극복했던 주인공 쿠로사와가 좋아하는 일을 통해 성장하고 만화가와 끈끈한 유대 관계를 쌓는 걸 보면서 만화 편집자는 일과 자기 분야에 대한 남다른 애정을 갖고 있을 거라 생각하시는 듯하다. 다른 만화 편집자분들은 어떻게 일하고 있는지 몰라 내가 대표로 말할 순 없지만 일단 쿠로사와처럼 일하면 죽는다. 쿠로사와는 유도 선수 출신이라 체력이 되니까 그렇게 일할 수 있는 거다.

   그리고 진짜 나는 쿠로사와 정도는 아니다. (워라밸 워라밸 신나는 노래, 나도 한번 불러보자.) 애초에 쿠로사와가 일하는 출판사는(아마도 『중쇄를 찍자!』를 출간한 출판사를 모델로 삼은 것으로 추정되는) 일본 3대 출판사 중 하나로, 편집자들이 억대 연봉을 받는다고 알고 있다. 종종 내가 일하는 순간을 즐기며 열정에 가득차 있다고 여기시는 분들을 만날 때마다 황송해서 몸 둘 바를 모르겠다. 그렇게 오해해주셔서 감사합니다. 근데 진짜 그 정도는 아니라는 걸 여기에 밝힌다.

   질문 3. 만화 편집부는 출간작을 어떻게 정하고 기획하는지? 우리 팀은 대체로 이렇다. 그 작품이 재밌는지? 기획자가 그 작품을 정말 좋아하는지? 그렇게 좋아한다는 작품을 책으로 내고 싶은지? 너네 팀만 쌀로 밥 짓냐, 다들 쌀로 밥 짓는다 싶겠지만 이거 말곤 크게 이렇다 할 기준이 떠오르지 않는다. 적어도 나는 여태까지 한 작품도 빠짐없이 늘 그렇게 기획하고 책을 내왔다. 우리 팀은 시도 때도 없이 기획을 했었는데, 이제는 이 주에 한 번 정도로 정식 기획 회의 시간을 마련했다. 거기서 내가 재밌게 본 타이틀을 소개하고 서로 돌려보며 감상평과 오퍼의 찬반에 대한 이야기를 나눈다. 나의 경우는 '반드시 계약 의사가 있는 타이틀'만을 회의에 가져간다. 이때가 정말 즐겁다. 내가 추천한 작품을 모두가 읽고 이야기를 나눈다니. 어떤 점이 쩔었고, 어떤 부분이 재밌었는지 이야기 나누다보면 한 시간이 훌쩍 지나곤 한다.

  당연한 이야기지만 마냥 좋다고 모든 작품이 다 출간으로 이어지는 건 아니고, 흥행이 예상되는 작품이라 해서 무턱대고 출간을 결정하지도 않는다. 아무리 빅 타이틀이어도 우리 팀은 다섯 명이고, 다섯 명이서 할 수 있는 일의 규모와 품을 생각해 고사할 때도 부지기수다. 다만 담당 편집자 본인이 하고 싶다면 일 년에 한 작품 정도는 무조건 기획을 통과시켜주는 기회가 있기는 하다. 물론 날 포함해 아직까지 누군가가 이 기회를 쓴 적은 없지만. 일 년에 한 작품 정도는 하고 싶은 걸 해도 된다는, 혹은 과감하고 자유로운 기획을 응원하는 팀장님의 마음이라고 여기고 있다. 이러니저러니 하여도 결국 팀장님께서 기획자에게 마지막으로 묻는 것은 하나일 거다. 정말 하고 싶은지.

  이 질문에 감히 '네'라고 답하는 것이 무척 어렵다. 한 권이면 모를까, 후속 권을 생각하면 앞으로 이 작품과 정말 오랜 시간을 함께해야 하는데 그 짧지 않은 시간 동안 이 작품을 아껴줄 수 있는지. 독자들은 권수가 많은 만화책 소장을 점점 더 기피하는데, 본인은 이 작품의 단행본들을 두고두고 갖고 읽고 싶은지. 그리고 본인을 넘어 독자들이 이 작품을 읽어야 할 이유가 있는지…… 좋아하냐 마냐에서 그럴 만한 이유가 있는지로 가능 여부와 설득의 조건들이 줄줄이 이어진다. 이 모든 것에 '네'라고 대답할 수 있을 만큼 좋아하며, 좋아할 수 있는 작품은 그렇게 많지 않다. 감당할 이유와 책임의 증거가 '정말로 하고 싶은 내 마음'이라면 엄청난 부담이다. 또 좋아하는 마음으로만 할 수 없는 여러 사정도 있고. 좋아하는 건 일로 삼지 말라는, 흔히들 말하는 충고도 있지 않나. 나는 아직도 그토록 정발을 염원했으나, 직접 편집해 정발을 한 『가라오케 가자!』를 맘놓고 읽지 못한다.

  물론 실제로는 이런 많은 생각을 하며 일하지 않는다. 나는 생각을 오래하면 오래할수록 일을 조지는 타입이다. 툭 터놓고 말해 생각이 진짜 짧다. 어떤 일을 두고 오래 생각할수록 머릿속에는 '그 일을 하면 안 되는 이유'만 떠오른다. 그래서 짧게 생각한다. 그러니 하고 싶으면 한다는 선택지 말고는 내게 없다. 이 작품을 할 때도 그랬다. 이것저것 따지기에 앞서, 아니 또다시 사실대로 실토하자면 따지지를 않았던 것 같다. 삼 년 만에 다시 찾아온 작품이었다.

박선우 작가님의『효정의 발화점』은 중학교 시절 첫사랑과 첫 우정에 상처를 입었던 하안과 효정이 만나 다시 한번 '처음'을 겪으며 변해가는 성장담이다. 효정은 고등학교 첫 학기가 시작되었지만 일 년 뒤 예정된 이사와 전학만을 기다릴 뿐이다. 아무런 설렘도 기대도 없는 학교생활. 그렇게 혼자를 자처하고 있던 중, 같은 반 소년 하안에 대한 소문을 듣게 된다. "쟤가 걔라던데? 그 왜…… 우리 중학교에 방화범. 작년에 어떤 사건이 있었어. 반 친구를 대상으로 벌어진 방화 사건."

그러던 어느 날, 하교중이던 효정은 자신의 눈에만 보이는 듯한 이상한 연기를 목격하고, 연기가 나고 있는 폐건물 안에 들어간다. 그곳에서 만난 것은 불에 타오르고 있는, 방화범 소문의 주인공 하안. 보고도 믿지 못할 광경에 효정은 놀라지만, 놀라움보다 더 큰 것은 수수께끼의 소년 하안을 향한 호기심이다. "온몸이 불길에 휩싸일 정도로 누군가를 뜨겁게 사랑한다는 건 대체 뭘까?" 서로가 서로에게 가장 중요한 존재가 될 소년과 소녀의 발화 이야기.

웹툰〈효정의 발화점〉은 2018년부터 2019년까지

피키캐스트라는, 지금은 사라진 플랫폼에서 연재되었다. 2018년은 내가 만화 편집자로서 막 일을 시작했을 때다. 살면서 만화를 가장 많이 봤던 시기가 중학교 때, 대학교 휴학 때, 그리고 이때다. 어마어마하게 많은 작품을 읽으니 다 고만고만해 보이고, 출간이라는 시선으로 공격적으로 읽다보니 지쳐서 무엇 하나 눈에도 마음에도 제대로 들어오지 않았다. 그때 그렇게 많이 봤는데 뭘 봤는지 잘 기억이 안 난다. 그런 와중에 〈효정의 발화점〉은 처음부터 끝까지, 순전히 아무 생각 없이 읽었던 웹툰이었다. 그냥 재밌어서, 좋아해서 본 만화. 나는 바로 작가님께 메일을 보냈다.

> 〈효정의 발화점〉의 단행본에 대한 문의를 여러 번 받았습니다. 출판을 하려면 원고가 일정 해상도와 크기 이상이어야 하는 걸로 알고 있어요. 아쉽게도 〈효정의 발화점〉의 데이터는 출판에 적합하지 않아 어려울 것 같습니다.

맥이 탁 풀리는 느낌이었다. 다른 곳과 이미 계약을 한 것도 아니고, 하물며 작가님도 책으로 내고 싶은데, 아예 출판을 할 수 없는 상태의 데이터라니. 어떻게 할 수도 없이 마음을 접어야 했다. 그렇구나. 이런 이유로 안 될 수도 있구나. (혹시 이 글을 읽는 창작자 여러분이 계시다면 인쇄를 위한 해상도는 최소 300dpi 이상임을 반드시 염두에 두고 원고를 작업해주시면 정말 감사하겠습니다.)

그뒤로 피키캐스트를 수도 없이 들락거리며 〈효정의 발화점〉을 읽었다. 책으로 못 내면 읽을 수 있는 곳은 웹 연재처뿐이니까. 하지만 피키캐스트 자체가 사라지자 〈효정의 발화점〉도 더이상 읽을 수 없었다. 이것이 웹툰 시대에 겪게 되는 작품과의 이별인가. 언젠가 또다른 플랫폼에서 서비스를 하게 되면 다시 볼 수야 있겠지만, 좀 쓸쓸했던 것 같다. 어디서도 서비스하지 않고, 책이라는 형태로 남지 않은 작품은 더이상 볼 수 없구나, 앞으로 이런 식으로 작품을 보지 못하게 되는 일이 또 있을지도 모르겠다, 그런 생각으로.

그러던 어느 날 작가님의 트위터에 〈효정의 발화점〉이 카카오웹툰에서 서비스를 시작한다는 소식이 올라왔다. 다시 〈효정의 발화점〉을 볼 수 있다니. 그것도 카카오웹툰이야! 피키캐스트처럼 쉽게…… 사라지지는 않겠지! 카카오웹툰 파이팅! 얼마나 반가웠는지 모른다. 얼마나 반가웠냐면, 나는 작가님께 다시 메일을 보내고 있었다. 〈효정의 발화점〉 데이터는 여전히 그대로일 텐데. 나 바본가? 무슨 성장기도 아니고 삼 년 사이에 원고가 밥 먹고 쑥쑥 커질 수 있는 것도 아닌데? 바보가 맞기 때문에 그냥 메일을 보냈다. 그리고 얼마 뒤 작가님께 원고 사이즈를 조절할 수 있게 되어 출판에 가능한 해상도와 사이즈를 맞출 수 있을 것 같다는 회신을 받았다. 그리고 드디어, 마침내, 이윽고 2023년 4월 〈효정의 발화점〉의 단행본이 출간됐다.

『효정의 발화점』은 순전히 내가 책으로 갖고 싶단 마음 하나로 시작한 책이다. 삼 년 동안 잊지 못하고 죽지도 않고 또 와서 기어코 이 책을 책장에 꽂았다. 난 이 작품과 다시는 헤어지고 싶지 않았고, 그 방법은 두고두고 볼 수 있는 책이라는 형태로 『효정의 발화점』을 만드는 것이었다. 작가님께 본인보다 『효정의 발화점』을 더 많이 생각하는 것 같단 이야기도 들었다. 나는 왜 그렇게 『효정의 발화점』을 좋아했고, 좋아할까? 편집하는 동안은 한 번도 생각해본 적이 없었는데 편집을 모두 마치고 이 책을 소개하는 글을 쓸 때가 돼서야 이런 생각이 들었다.

효정이와 하안이는 가장 소중한 사람을 잃는 경험을 했다. 효정이는 상대방의 비뚤어진 진심 때문에,

하얀이는 자신이 원하는 걸 줄 수 없는 상대에게 보답을 바랐기 때문에. 두 사람은 솔직해져서 소중한 이를 잃을 바에는 진심을 숨기는 쪽을 택한다. 솔직하지 않은 게 아니라, 솔직할 줄을 모르게 되어버린다. 효정이랑 하얀이는 바보가 아니다. 그냥 열일곱 살일 뿐이다. 인생에서 가장 서툰 날들을 지나고 있는. 그리고 그런 서툰 날들은 누구에게나 있다. 모든 관계와 감정이 처음인 시절. 나도 그 정도로 상대를 좋아하지 않은 적이 있었고, 상대가 그 정도로 나를 좋아하지 않아 속이 썩었던 적도 있었다. 보답해주지 않았고 보답받지도 못했고, 이 관계를 어찌해야 할지 몰라서 그저 피해버리기를 택했던 날들. 솔직히 말해 그 못났던 시절로 돌아가고 싶지는 않지만 그 시절만큼 누군가에게 상처를 받을 수 있고, 또 누군가 애가 닳을 정도로 소중하게 느껴지는 날들도 돌아오지 않을 것이다. 아니면 아닌 거지, 체념하고 말아버려도 그렇게까지 아쉽거나 슬프지 않은 맷집이 생겨버렸다.

    아마도 『효정의 발화점』을 세상에서 가장 많이 읽으면서 느낀 건 누구에게나 그런 날들이 있었다는 사실 자체가 아름답다는 것이다. 저 사람도 서툴러본 시절이 있겠지, 누군가 좋아서 가슴 아팠던 날이 있겠지, 아니

지금도 어떤 감정 앞에선 속절없어지겠지. 처음이니까. 그러다보면 순진하게도 이런 생각이 드는 것이다. 혹시 어쩌면, 아마 지금도 나는 충분히 상처받을 수 있고, 누군가 소중할 수 있지 않을까. 아직 처음인 감정이 내게 남아 있지 않을까. 나는 『효정의 발화점』을 읽는 동안 내가 주인공인 순정 만화가 있다면 이런 이야기일 것 같다는 생각을 했다.

〈효정의 발화점〉을 출간하고 싶다고 했을 때 팀장님은 조금 다른 질문을 하셨다. 완결 난 후 시간이 제법 지난 이 작품을 책으로 내고 싶은 이유가 무엇이냐고. (갑작스러운 기출 변형.) 네? 어, 그, 책으로 쭉 보면 재밌을 것 같아서요, 라고 횡설수설 대답한 것 같다. 사실 나는 『효정의 발화점』이 내 책장에 꽂혀 있었으면 좋겠고, 그래서 보고 싶을 때마다 언제든 꺼내 읽고 싶었을 뿐이다. 인터넷에서 볼 수 없게 되어도. 죄송합니다. 저는 고작 이런 마음가짐으로 일하고 있습니다. 그저 저 하나 좋자고 일하고 있습니다. 그렇지만 만약 '왜'가 아니라, "〈효정의 발화점〉을 정말 내고 싶어요?"라고 질문하셨다면 나는 고민 없이 바로 대답했을 거다. "네."

구남친 편집자

그 책은 꼭 내가 편집하지 않았어도 돼…… (넌 내가 없어도 돼……)
근데 난 그 책을 편집하고 싶어. (근데 난 네가 있어야 돼.)
그게 나를 진짜 미치게 만들어! (그게 나를 진짜 미치게 만들어!)

신인 작가 모쿠모쿠 렌의 『히카루가 죽은 여름』이 출간됐다. 다른 출판사에서. 나도 안다. 버스 떠난 지 한참 됐다는 것을. 하지만 오퍼를 넣었다가 떨어진 책이 나올 때마다 못난 마음이 든다. 주로 일본 만화일 때가 그러하고, 좋아하는 국내 만화가의 작품일 때도 있다.

  물론 맨날 물만 먹는 것도 아니고 하고 싶어 죽겠는데

하게 된 경우도 많다. 정말 기쁘게도 말이다. 그래서 주어진 기회에 감사하며, 똑같진 않더라도 비슷한 기회가 다시 올 수 있다는 마음으로 미련과 아쉬움을 달래고 있다. 그러고 있다. 그러고 있다고. 그러고 있는데? 감사하고 달래고 있는데? 그래도 사람을 구질구질하게 만드는, 아직도 나를 진짜 미치게 만드는 타이틀들이 어쩔 수 없이 있긴 있다. 보통 침대에 누운 후 잠들기까지 십오 분 정도의 시간이 걸린다고 하며, 모델 겸 방송인 홍진경 왈 자려고 누웠을 때 마음에 걸리는 것이 하나도 없으면 행복한 삶이라고 하는데, 어느 밤 단 십오 분 만에 나를 '안 행복'으로 빠뜨리는 타이틀들이 있단 말이다.

  정발을 기다릴 바엔 내가 만화 편집자가 되어 내는 것이 빠르겠다고 생각한 만화가 있다. 오카자키 교코의 『리버스 에지』는 1990년대에 연재된 그의 대표작으로 물비린내 나는 강가를 배경으로 살아가는 청춘들의 이야기를 그린다. 학교에서 따돌림과 폭력을 당하는 게이 야마다, 슈퍼 루키 모델이지만 거식증과 공허함을 앓고 있는 고즈에, 그리고 가장 평범해 보이나 이야기의 주인공이자 서술자를 맡아, 얼떨결에 우울한 청춘 대표가 된 하루나. 세 사람은 물가에서 의문의 시체를 발견하고 걷잡을 수 없는 사건들에 휘말린다.

『리버스 에지』를 만난 시절이 기억난다. 세상에 버림받은 기분(세상은 날 가진 적이 없는데도), 삶의 남은 날이 너무 길고 지루하다는 생각(살아온 세월이 짧으니 당연한데도). 그런 기분과 생각에 휩싸여 세상에서 가장 우울한 만화를 찾아다니던 새벽이 그때를 대표하는 기억이다. 낮과 밤보단 새벽이 더 생생했던 시절(무엇보다 내일 출근하지 않아도 되니 긴긴 새벽을 누릴 수 있었던 시절이었다. 당장 몇 시간 뒤 출근해야 하는 사람들은 새벽에 국내에 출간되지 않은 오카자키 쿄코 만화의 존재 같은 건 찾아보지 못한다).

하루하루가 지루해 죽겠던 세 사람, 야마다, 고즈에, 하루나는 시체를 발견해도 다가갈 수 없는 보물처럼 그저 바라만 볼 뿐이다. 저 수풀 위에 누워 있는 건 죽은 것이며 그걸 한 발짝 물러나 바라보고 있는 나는 산 것이다. 고작 이게 살아 있다는 감각인가? 그 친구들과 함께 시체를 바라보던 나는 죽은 것을 봐야 비로소 감각할 수 있는 살아 있음이란 참 별거 아니구나 싶었고, 그래서 이 만화를 사랑하게 되었다.

내가 만화 편집자가 된 것이 2018년 6월이고, 『리버스 에지』가 출간된 것은 2018년 10월이다. 드디어 만화 편집자가 되었다고 생각했는데. 간발의 차였지만

판권이 만화 편집자가 될 나를 기다려주는 것도
아니고. 눈물을 흘리며 『리버스 에지』를 세 권 샀다.
하지만 고트(goat, 쪽프레스의 레이블)의 편집을 거쳐
출간된 『리버스 에지』를 보면 그런 아쉬움과 미련이
무색하게 감탄이 나온다. 여러 나라에서 출간된 『리버스
에지』 표지 중 최고라는 이야기를 들었다는 표지.
앞표지에서 뒤표지까지 대지 전체에 깔린 하늘색과
핑크색 그러데이션은 늘 몸에 멍을 달고 사는 야마다의
피부를 표현한 것이라고 한다. 그리고 기묘하고 독특한
본문 서체. 교코 작가의 거칠고 성근 그림체와 묘하게
붙는 것이(뚜렷한 기준은 없지만, 느낌상 명조와 붙는
그림체가 있고 고딕과 붙는 그림체가 있다) 가독성을
대신하는 또다른 매력을 자아낸다.

  내가 『리버스 에지』를 편집해서 냈다면 이런
표지를 입히지도, 이런 서체로 편집하지도 못했을
거다. 그저 원서의 표지와 똑같았을 것이고, 본문은
별 고민 없이 나눔고딕 아니면 산돌명조neo를 썼을
것이다(나눔고딕과 산돌명조가 별로라는 게 아니라 늘
하던 대로 가독성을 최우선해 편집했을 것이란 뜻이다).
아니 그냥 이제 막 편집자가 된 내가 『리버스 에지』를
편집해봤자 엉망진창이었을 것이다. 분명히, 틀림없이.

책도 편집자와 출판사를 탄다. A 출판사에서 나왔을 때는 잘 안 됐는데 같은 타이틀을 B 출판사에서 내니 잘됐다더라 하는 이야기도 있다.『리버스 에지』를 포함해 교코 작가의 책들은 실험적이고 아름다운 책을 내기로 유명한 쪽프레스에서 나와서 독특한 아이코닉함을 얻고 만화 독자를 넘어 더 많은 독자를 만날 수 있었던 것이다. 전 세계에서 가장 아름다운『리버스 에지』를 볼 수 있다니, 내가 편집하지 않아서 정말 다행이다⋯⋯라고 생각한다⋯⋯라고 쓰면서도 역시 내가 편집했다면 어땠을까? 하는 미련이 남는다⋯⋯고 말하지만 이젠 더 말을 보태고 싶지 않을 만큼 쪽프레스의 손을 거쳐 출간된 오카자키 교코의 만화들을 사랑한다. (진짜 끝.)

아주 조금 변명을 하자면 일본 만화는 내 능력으로 어찌할 수 없을 때가 많다. 워낙에 내로라하는 만화 전문 출판사들이 있고 그들이 만화에 집중하는 만큼 속도며 권수며 똑같이 따라갈 수는 없다. 무엇보다 내가 생각해도 '반년 전 행방불명되었다가 돌아온 친구 히카루에게 왠지 모를 위화감을 느낀 요시키. 내 친구가 이 세상에 존재해선 안 되는 무언가가 되어버린 것 같다. 하지만 그런 너라도 내 곁에 있어만 준다면⋯⋯'이라는 줄거리의 호러 소프트BL 힙스터 만화『히카루가 죽은 여름』의 표지 하단에 '문학동네'라고 적혀 있다면 요시키와 마찬가지로 조금 위화감이 들 것 같다. 너 문학동네 아니지……? ("너 히카루 아니지……?")

　감사히도, 운명처럼 내게 주어진 애정 어린 타이틀들을 편집하다보면 또 언제 그랬냐는 듯이 이런 미련과 구질구질한 감정은 잊힌다. 사실 눈코 뜰 새 없이 바빠서 '존나게 사랑했다……'라고 생각할 시간도 없다. 허나 최근 이 바쁨에 통한의 눈물을 흘린 적이 있다. 정해나 작가님의 『요나단의 목소리』를 단행본으로 읽은 날, 나는 또 새벽에 애꿎은 베개만 오지게 패야 했다.

　기독교 집안에서 태어나고 자란 모태 신앙 고등학생 선우는(아, 줄거리 요약하는 것도 눈물난다) 자신과 같은 성(性)의 친구를 좋아하게 되는데(울면서 쓰고 있다)…… 기숙사 고등학교에 입학한 선우는 룸메이트로 의영이라는 친구를 만나게 되고, 자신의 말하지 못한 사랑, 해소되지 못한 과거, 그리고 그 중심에 놓인 지긋지긋한 신을 향한 믿음을 점차 받아들이며 성장해나간다. 나는 만화책이든 일반 단행본이든 뭔가를 읽을 때 좋았던 부분에 특별히 밑줄을 치거나 북마크를 해두는 편이 아닌데, 『요나단의 목소리』를 읽으면서는 좋은 장면마다 연신 카메라로 페이지를 찍어댔다. 너무 많이 찍는 바람에 책 한 권을 다 찍겠다 싶어 중간부터는 그만뒀지만.

   선우가 친구 다윗을 보다가 문득 그를 좋아하는 자신의 마음을 깨닫는 장면이 있다. 양 페이지에 걸쳐, 왼 페이지에는 노래를 부르는 다윗과 그런 다윗을 바라보는 선우가 앉아 있고, 오른 페이지에는 방금의 선우가 짓고 있는 표정이 크게 그려져 있다. 이 두 페이지의 대사는 단 두 줄. '너를 사랑해.' 다시 한번 더 '너를 사랑해'. 나도 해보고, 당신도 해보고, 오늘도 이 세상에 수억 번은 속삭여지고 외쳐졌을 '너를 사랑해'라는 말이 마치 지금 처음 보고 들은 것처럼 특별하고 유일하게 느껴지는 장면이었다.

   정말 최고였어. 나는 이제 죽어도 돼. 사랑을 알게 됐으니까. 뒤늦게 이러한 감동을 느낀 나는 고작 바쁘다는 이유로 〈요나단의 목소리〉를 연재 당시 제대로 읽지 않았다. 바쁘다는 핑계로 〈요나단의 목소리〉를 '좋은 만화'라고만 기억한 채, 완결 나면 봐야지 하고 묵히고 자빠져 있었다. 그놈의 '완결 나면'. 완결을 왜 기다려? 고사 지낼 일 있나? 잠도 죽어서 자라는데 만화도 죽어서 보지 그러니? (받은 감동만큼 점점 격한 감정이 들고 있다.) 물론 내가 더 잘 편집할 수 있었다는,

그런 거만한 마음은 절대 아니다. 그건 가당치도 않다. 『요나단의 목소리』는 흑백이었던 연재분에서 컬러를 입은 새로운 편집으로 태어났고, 훌륭한 추천사(권교정 선생님과 황인찬 시인이라니!)로 독자들에게 소개되었다. 이처럼 담당 편집자님의 애정 어린 손길이 닿지 않은 곳이 없다고 느껴질 만큼, 이 작품이 받을 수 있는 최고의 대우를 받으며 책으로 만들어졌다고 생각한다.

  내가 알기로 종합 출판사에 만화를 전문으로 하는, 만화만 편집하는 팀을 둔 곳은 얼마 없다. 그렇다면 만화만 전문으로 하는 팀의 편집자로서 정말로 잘하고 싶다. '싶다'가 아니라 정말로 잘해야 된다고도 생각한다. 만화만 하는데 만화를 못하면 되나? 물론 모든 작품의 계약과 담당이 내 의지만으로 이루어지는 것은 아니며, 감사히 성사가 된다고 한들 내가 그 작품에 가장 잘 맞는 편집자로서 최고의 편집을 할 수 있는 것도 아니다. 그때마다 애꿎은 베개를 향한 폭력(〈짱구는 못 말려〉의 유리 엄마처럼)과 뜬눈으로 불행의 밤을 지새우는 불면만 깊어질 것이 눈에 훤하다. 그래도 좋은 만화를 그냥 읽고만 끝낼 거라면 만화 편집자를 왜 하고 싶다. 재밌는 거 읽고 그냥 거기서 끝낼 수 있었으면 나도 만화 편집자를 안 했을 거다.

    그러지 못하니까, 내가 이 만화를 책으로 만듦에 있어서 어떻게든 뭐라도 하고 싶으니까 만화 편집자를 하고 있다. 그러니 이 미련, 욕심, 시기, 질투 등 각종 못난 감정이 들 때마다 기분이 썩 나쁘지만은 않다. 진심으로 사람 발을 동동 구르게 만들 정도로 아쉬운 일은 세상에 생각보다 별로 없다. 그런 일이 있다는 것이, 그런 마음이 든다는 것이 오히려 좋을지도 모른다. 그럴 때마다 아, 나는 정말 이젠 순수한 독자로 돌아갈 수 없구나, 철저하게 만화 편집자구나 생각하며 또다른 새로운 만화를 찾아나가고, 한때 '존나게 사랑한' 그 만화들을 구질구질하게 응원해줄 것이다.

백꾸

평일 오전 일곱시 삼십오분, 출근을 위해 집을 나서면 버스 정거장으로 향하는 사거리에서 늘 만나는 사람들이 있다. 오피스룩 차림의 회사원들, 교복 차림의 학생 친구들이 대부분이다. 그리고 그들 사이에 약간 뭐하는 사람인지 모르겠는 차림으로 출근하는 내가 있다. 어차피 지옥으로 향하는 심정은 옷차림과 관계없이 모두 같을 것이다. 회사원이든, 학생이든, 뭐하는 사람인지 모르겠는 나든, 모두 불행하다.

  그중에서도 교복을 입은 여학생들은 유독 눈에 띈다. 개인적으로 청소년들에게 지대한 관심을 갖고 있어 그렇다. 그들이 무얼 좋아하는지, 무얼 보는지가 내 초미의 관심사다. 여고생에게 대한민국의, 아니 세계의 미래가 달려 있기 때문에. 헛소리고 솔직히

말해서 이들만큼 책과 거리가 먼 세대가 없기에
십대들은 대체 뭘 즐기고 있는지 궁금한 마음이 크다.
『도쿄 에일리언즈』가 십대를 중심으로 팬덤이 형성되어 판매가 이루어지는 것을 보면 그들도

▌ NAOE 작가의 작품으로, 도쿄를 무대로 지구인과 우주인의 교류를 그린 스페이스 액션 만화.

만화를 보긴 본다는 것인데, 나는 『도쿄 에일리언즈』의 어디가 재밌는 건지 도통 모르겠다. 하물며 웹툰 〈외모지상주의〉의 박태준 작가가 십대들의 토리야마 아키라라는데. 한마디로 미지의 존재인 십대들의 지갑은 어떻게 털 수 있는가? 그런 궁금증이다. 학생들 돈이나 노리는 더러운 어른. 하지만 진심으로 난

▌『닥터슬럼프』 『드래곤볼』의 작가. 기존의 소년 만화들과 다른 독특하고 깔끔한 그림체와 이야기로 소년 만화에 새로운 지평을 열었다. 2024년 4월 타계하였다.

이들에게 제발 만화 좀 봐달라고 무릎을 꿇고 빌고 싶다.

 허나 노리고 싶어도 십대의 마음은 너무나 까마득하다. 얼마 전까지 이십대여서 이십대의 마음은 대충 알겠는데 고등학교를 졸업하고 십 년이 넘는 시간이 흘렀다. 요즘 학생들은 춘추복으로 학교 로고가 박힌 바시티 재킷을 입고, 체육복 소재의 바지도 곧잘 입고 다니더라. 일단 '마이'라고 부르는 블레이저형 재킷은 진짜 안 입고, 치마 입은 여학생 반, 바지 입은 여학생이 반인 것 같다. 나

때는(드디어 나왔다. '라떼는') 피케 셔츠형의 여름용 생활복도 없었다. 그렇게 아침마다 더러운 눈초리로 여학생들을 보고 있자니 그들 사이에 한 가지 공통점이 눈에 들어왔다. 다들 가방에 뭔가를 주렁주렁.

 처음엔 고죠 사토루 굿즈를 달고 다니는 여학생의 가방이 눈에 띄었다. 그것도 무려 세 개나. 고죠 키링 한 개, 캔 배지 두 개. 캔 배지 중 하나는 홀로그램 후가공이 들어갔다. 누가 봐도, 틀림없이, 헷갈리지 않고, 절대로 썹덕 굿즈라는 걸 보여주고 싶다는 듯이. 과감하다. 요즘 친구들은 애매하게 '일코(일반인 코스프레)'를 하지 않는구나. 나 때는(또 시작이다. 어디까지 나오나 보자) 만화나 애니메이션을 좋아해도 관련 굿즈를 매일 들고 다니는 가방에 달 생각은 못했던지라 더욱 눈에 띄었다. 일단 만화나 애니를 본다는 사실은 주변에 좀 숨겨야 했고, 하물며 공식 굿즈는 귀해서 구하지도 못했다. 나 때의(삼진 아웃!) 키링이란 아마추어 행사에서 사는 2차 창작 굿즈였는데, 일러스트가 인쇄된 종이를 코팅해 군번줄을 달아 파는 것이었다. 그런 것도 키링이라고 부를 수 있을까? 지금은 상상도 못할 만듦새다.

 고죠 사토루는 아쿠타미 게게의 만화 『주술회전』에

등장하는 무척 인기가 있는 캐릭터다. 나도 십대 때 『주술회전』을 보았다면 고죠를 가장 좋아했을 것 같다. 고죠는 잘생겼다. 진짜 잘생겼는데 그 잘생긴 얼굴 중에서도 가장 잘생긴 눈을 안대로 가리고 다닌다. 눈만 가리면 됐지 안대로 머리는 왜 같이 올리고 다니는지 모르겠지만, 아무튼 그가 안대를 풀고 머리를 내리는 순간은 작중에서 아주 잠깐에 불과한데 그 잠깐이 끝내주게 잘생겼기 때문에 그의 잘생김은 어떠한 상태가 아니라 아주 귀한, 고귀한 순간으로서 존재한다고 할 수 있다.

잘생긴 얼굴 아깝게 왜 고죠가 잘생긴 눈을 가려야 하냐면, 자타 공인 최강의 주술사인 그가 안대를 벗으면 너무 강해지기 때문이다. 혼자서 일본의 모든 인구를 죽일 수 있을 만큼. 이런 캐릭터는 쉽게 사랑을 받는다. 잘생기고 작중 최강이라는데 어떻게 안 좋아하나. 작가가 빠질 수밖에 없이 빚어내고 대기업이 무한히 (굿즈를) 제작하는 궁극의 캐릭터. 하지만 나는 이제 이런 설정의 캐릭터는 조금 버겁다. 그렇게까지 최강이 아니어도 되니까 너무 큰 짐 짊어지지 않았음 좋겠고, 전개상 살았는지 죽었는지 노심초사 안 해도 되고, 적당한 분량으로 출연해 작중에서 소소하게 멋진 장면을 몇 번 보여주는 캐릭터면 족하다.

  이를테면 최강이라는 이유로 약 삼 년 동안 출연하지 못하는 캐릭터는 버겁다…… 고죠는 적과의 싸움중 옥문강이라는 주술에 십구 일 동안 갇히는데, 작중에서야 스무날이 되지 않는 시간이었지만, 현실의 시간으로는 약 삼 년이었다. 삼 년간 작품에 최애가 나오지 않는다고 생각하면 치가 떨린다. 나라면 매일 밤 방위 앱을 켜고 슈에이샤 방향으로 쌍뻐큐를 날린 후 잠에 들었을 것이다. 고죠 굿즈를 달고 다니는 저 학생은 많아봤자 열아홉 살일 텐데 십구 년 인생 중 삼 년을 한 캐릭터, 아니 한 존재를 기다렸다니. 혹시 그를 기다리며 일 년에 하나씩 가방에 굿즈를 더한 걸까? 그렇게 생각하자 숭고한 감정마저 들었다. 고죠는 2023년 4월 말 『주술회전』 221화에서 드디어 옥문강을 탈출했다. 그 소식을 들었을 때 사거리 학생 생각이 났다.

  다른 학생의 가방은 좀더 요란하다. 일단 한 종류가 아니고 만화 굿즈도 아니다. 인형 키링, 금속 배지, 명찰 등등. 특히 인형 키링은 이 학생 말고도 많은 여학생들의 가방에 하나씩은 달려 있는 것 같다. 뉴스레터 〈캐릿〉의 '최신 소비 트렌드 리포트'에 의하면 이십만원이 넘는 고가의 인형 키링도 있으며, 신제품의 키링을 사기 위해 '키케팅(키링+티케팅)'을 할 정도로 Z세대에게 키링이 유행이라 한다. 젊은 층의 트렌드를 알고자 구독하고 있지만 매번 신빙성을 의심하게 되는 뉴스레터인데, 설명과 함께 첨부된 299,000원짜리 키링 사진을 보고 나는 십대들의 지갑을 노릴 수 없다는 생각을 했다. 일단 내 지갑에 299,000원이 없다. 있어도 299,000원짜리 키링은 안 산다. 만일 299,000원이 있어서 299,000원짜리 키링을 샀다고 해도 어디 흘릴까봐 가방에 달고 돌아다니지 못한다. 두번째 학생의 가방에 달린 키링이 얼마인지는 모르겠지만 부디 길에 흘리는 일이 없기를 바랐다.

각설하고 같이 달려 있는 것들을 살펴보았다. 일단 명찰을 두 개나 달고 있다. 요즘 학생들은 개인정보 보호를 위해 교복에 명찰을 달지 않는 것으로 알고 있는데? 그러던 중 네이버웹툰 〈가비지타임〉을 보고 나서 그 명찰이 무엇인지 알게 되었다. 명찰에 적힌 이름은 '지상고등학교 성준수'. 도내 최고 쿨뷰티 미남의 이름이었다.

성준수. 나의 슈터. 십대 때 『주술회전』을 봤으면 고죠를 제일 좋아했을 거라고 앞서 말했는데 삼십대가 된 지금, 〈가비지타임〉을 보고 있는 나의 최애는 누구인가?

워낙 등장인물이 많은 스포츠 만화인지라 늘 조금씩 바뀌지만 성준수는 〈가비지타임〉을 처음 봤을 때부터 지금까지 한결같이 가장 좋아하는 캐릭터들 중 한 명이다('가장' 좋아한다고 해놓고 왜 캐릭터'들'인지에 대해서는 오타쿠의 만화적 허용이라고 이야기하겠다).

  성준수는 성질머리가 장난이 아니다. 이해한다. 농구로 대학에 가야 하는데 약체 팀에서 실적을 쌓지 못하고 있으니 그럴 수밖에 없다. 그래서 경기가 안 풀리거나 성준수님 보시기에 합당치 않은 상황마다 입에서 욕이 터지는데 정작 본인도 기복이 있어 던지는 족족 골인인 건 아니다. 님이나 잘하라는 말이 나오기 직전, 3점 슛이 가장 간절한 순간 골을 터뜨려주는데 세리머니도 기가 막히게 해준다. 상대 팀 응원단 다 닥치게 해줄 정도로.

  오타쿠라면 반드시 사랑하게 되는 캐릭터가 있다. 흑발. 흰 피부. 까칠한 성격(츤데레). 수준급의 능력(간지). 그리고 그런 캐릭터가 점점 마음의 문을 열며 동료들과 하나가 되는 모습. 입시라는 상황에 갇혀 그토록 좋아했던 농구를 즐기지 못하게 된 성준수가 지상고등학교에서 농구부원들과 하나가 되어 다시 농구를 사랑하게 되는 모습을 보고 있으면 나는······ 『슬램덩크』의 서태웅, 『나루토』의 사스케, 『하이큐』의 카게야마 등 유구한 역사와 전통을 거쳐 〈가비지타임〉의 성준수에 (또) 도착한 것이다. 너희를 만나서 정말 기뻤어. 너희와의 시간은 내 인생 최고의 순간들이었어. 그리하여 성준수를 만나기 위해 이 모든 캐릭터를 다시 사랑하라고 하면 나는 그렇게 할 거야……

내가 제일 좋아하는 굿즈가 키링이다. 굿즈를 사러 가면 키링부터 찾는다. 최근에 산 굿즈만 모아둔 서랍을 열어보니 대충 세어봐도 거의 삼십 개 정도다(집에 열쇠도, 가방도 삼십 개가 없다). 지류는 인쇄됨과 동시에 마르면서 색감이 조금 탁해지거나 가라앉는데, 매끈한 아크릴 키링은 쨍하게 색감이 올라와서 좋다. 단단하고 광택이 도는 것도 좋다. 크기도 작은데 지류처럼 접히지 않고 물에 젖지도 않으니 보관도 용이하다. 어디든 달고 다닐 수 있는 점도 좋다. 그런데 왜 안 달고 서랍에 처넣고만 있을까.

나도 학생들을 따라 키링으로 '백꾸(백팩 꾸미기)'를 해보기 위해 매일 메고 다니는 백팩을 두고 오랜만에 키링들을 쭉 꺼내보았다. 아크테릭스 맨티스 모델은 키링을 달기엔 적절치 못했다. 뭔가를 달고 다닐 만한 주머니나 지퍼가 얼마 없기 때문이다. 그러니 더욱 신중하게 무엇을 달지 골라야 했다.

일단 나도 인형을 하나 달아보자 싶었다.『체인소
맨』의 체인소의 악마, 포치타 인형 키링을 달았다.
햄스터인지 강아지인지 모를 동물 모습을 한 캐릭터로,
『원피스』의 쵸파처럼 마스코트 역할을 하고 있지만
주인공 덴지와 계약한 후 단 1화 만에 사라지는 캐릭터다.
그래 놓고 귀여운 비주얼로 인기가 많아서 도쿄에 갔을
때도 포치타 매물은 씨가 말랐었다. 포치타 키링을 만난
것은 대한민국 대전광역시 중구 대종로480번길 30, 3층
〈애니세카이〉에서였다. 대전에 사는 오타쿠 여러분은 꼭
방문해보시길 바란다.

두번째는『여학교의 별』키링이다. 산 건 아니고
『여학교의 별』출간 때 SNS 이벤트용으로 딱 삼십 개만
소량 제작했던 굿즈다. 내가 갖고 싶어서 만들었다.
늘 이딴 식으로 일을 하고 있다. 하지만 종종 팀원들도
'요즘 포스트잇이 하나 필요하다. 굿즈 만드실 분 있으면
포스트잇 만들어달라' 같은 이야기를 하곤 한다. 수학
선생님인 고바야시가 국어 선생님 호시를 돋보기로
들여다보고 있는 일러스트인데, 고바야시가 어디로 튈지
모르는 알쏭달쏭한 호시라는 인물과 좀더 가까워지는
에피소드의 장 도비라에 실린 그림이다. 아주 그냥
여학교의 두 젊은 남자 교사가 어디까지 친해질 수

있을지 한번 보자……

세번째는 무엇으로 할까.『은혼』의 긴토키 키링도 있다. 오타쿠들이 영원히『은혼』을 볼 거라고 생각했던 날도 있었다. 나 역시 그럴 줄 알았다. 긴토키, 당신을 꽤 좋아했어……(흑발은 아니지만.) 요즘 다시『은혼』붐이 온 것 같길래 달아보았다.

그다음,『보석의 나라』의 볼츠. 볼츠는 보석을 의인화한 만화『보석의 나라』의 등장인물로 보석 중 가장 강한 캐릭터다. 그리고 역시나 긴 검은 머리에 흰 피부. 나는 남자고 여자고 인간이고 보석이고 그냥 흑발 캐릭터면 사족을 못 쓴다. 볼츠 키링은 언제 어디서 산 건지 기억이 안 난다. 아마 도쿄 중고 굿즈숍에서 잠깐 뇌를 꺼내둔 채 사 왔던 게 분명하다. 새것은 아니지만 포장을 뜯어 달아보았다.

마츠모토 레이지의『은하철도 999』의 퀸 에메랄다스 키링도 있다. 한가람미술관에서 열렸던 마츠모토 레이지 전시에서 사 왔던 것 같은데 까맣게 잊고 있었다. 전함을 지휘하는 여성 선장 에메랄다스. 긴 머리, 호리호리한 체형, 그 몸만큼이나 긴 총검, 그리고 얼굴의 상처. 상처. 너무 좋으니까 한번 더 이야기한다. 얼굴의 상처. 에메랄다스를 이루는 모든 캐릭터 디자인 요소가 완벽했고, 얼굴의 상처가 그것을 완성한다. 지금도 얼굴에 상처가 있는 캐릭터들을 좋아한다. 본래라면 8점 정도인데, 얼굴에 상처가 있으면 10점이 되는 거다. 칼날이 얼굴을 스칠 정도로 격렬한 전투에서 살아남은 캐릭터라는 흔적인데, 그 죽다 살아난 경험과 감각(트라우마) 때문에 곪디곪은 속을 상상하면 더욱 좋다.

  얼추 백꾸를 마치고 가방을 보았다. 내가 좋아하는 것들이 여기저기 달린 끔찍한 혼종이었다. 도저히 들고 다닐 수 없는 집합체. 만나는 사람들마다 그리고 회사 가냐고 물어볼 것 같았다. 사거리에서 본 학생들의 가방과는 너무 달랐다. 이를테면 고죠 키링을 달고 다니는 학생의 가방에선 '오직 고죠 외길'이 느껴졌다. 다른 만화에서 스카우트가 와도 절대 거들떠보지 않을 깊은 의지가 보였다. 두번째 학생은 좀더 높은 수준의 백꾸였다. 〈가비지타임〉을 아는 사람만 알 수 있을 정도로 작은 성준수의 명찰을 가방 옆 주머니에 달고, 인형 키링을 메인 주머니 지퍼에 달아 나름대로 유행에 따르면서도 자신의 최애를 어필한 것이다. 나 또한 좋아하는 마음으로 서랍을 털어 달았는데 내 가방만 봐서는 내가 진짜로 무엇을 좋아하는지, 영 취향을 알 수가 없었다. 하나같이 좋아하는 캐릭터기야 하지만 서로가 전혀 어울리지 않았다. 나만 신나서 접점도 없고 초면인 친구들을 한 자리에 불러 모아둔 느낌.

  가방은 일종의 전시장 같은 건가보다. 그리고 백꾸는 자신이 좋아하는 것을 일상에서 가장 자주 가까이하는 물건에 닮으로써, 자기만족을 하는 한편 본인이 지금 이러한 것들을 좋아한다고 보여주는 전시 같은 게 아닐까. 그렇게 생각하니 자기가 좋아하는 걸 센스 있게 백팩에 달 줄 아는 학생들이 부러웠고 몇 년간 서랍에 처박혀 있던 내 키링들이 좀 불쌍해졌다. 그리하여 일단 백팩에는 『여학교의 별』 키링만 남기고 모두 거두었다. 내가 일로서도 덕질로서도 가장 좋아하는 만화이기 때문이다. 지금 내가 좋아하는 걸 하고 있으며, 할 수 있고, 하물며 좋아하는 걸 했는데 잘될 수도 있다는 걸 보여주는, 어떤 부적 같은 존재로 남겨두기로 했다.

  포치타는 다른 가방에, 긴토키는 파우치에, 볼츠는 휴대폰 케이스에, 에메랄다스는 에어팟 케이스에 달기로 했다. 어른은 분산 투자를 알게 되었다. 사실 한 가방에 키링만 다섯 개를 거니까 너무 시끄러웠다. 새벽 비행기로 도쿄 간다고 꼭두새벽부터 기어나와 조용한 동네를 울리는 캐리어 바퀴 소리 같았다. 무엇보다 삼십대 여성이 들고 다닐 모양새가 아니었다(결정적인 이유다. 이래서 십대들을 따라잡지 못하는 걸까).

  내 서랍에는 아직 몇십 개의 키링이 있다. 캔 배지나 금속 배지까지 합하면 훨씬 더 많다. 이들만 달고 다녀도 평생 달 수 있을 것 같지만 앞으로도 새로운 만화를 좋아할 때마다 키링을 살 거고, 신간 사은품으로도 키링을 만들 거다. 난 키링을 좋아하니까. 이제는 서랍에서 꺼내 가방에 달고 다니기로 했으니까. 요즘은 여기저기 달아둔 키링을 다음엔 어떤 키링으로 바꿔 달지 고민중이다. 무엇을 제일 좋아하는지는 몰라도 일단 좋아하는 게 참 많구나 싶다. 그리하여 어느 날은 사거리에서 용기를 내어 묻고 싶다. 학생, 이모도 준수 참 좋아하는데 그런 건 어디서 사는 거야……?

편집자 불요론에 대처하는 자세

즐겨 듣는 만화 전문 팟캐스트 〈만화클래식〉 200회
특집 공개방송에 다녀왔다. 200회를 기념해 와야마 야마
특집을 마련했다고 하셔서 도서도 협찬해드리고 뜻깊은
시간을 보냈다. 주말 저녁에 거의 네 시간 가까이 만화
이야기만 하는데도, 집에 가는 사람 한 명 없이 모두가
끝까지 자리를 지켰다는 사실이 믿을 수 없이 아름답게
느껴진다. 와야마 야마 특집이었던 1부가 끝나고
우라사와 나오키의 『플루토』 이야기를 하기 위해 2부가
시작됐다. 진행을 위해 마이크를 쥔 최재훈 작가님이
1부는 벌써 끝났는데도 이런 이야기를 하셨다. 와야마
야마 작가와 작품들이 이렇게 국내에 소개되고 빠르게
정발본을 볼 수 있는 것은 편집자의 존재 덕분이라고.

  갑자기 왜 그런 소리를…… 엎드려 절 받는 기분을

차마 버티지 못하겠어서, 믿을 수 없이 아름다웠던 시간 중 유일하게 집에 가고 싶단 기분이 들었던 순간이다. 사실 재훈 작가님과 나의 연은 2015년부터 이어져왔다. 독립출판물 페어 〈언리미티드 에디션〉에서 처음 만났는데 재훈 작가님이 단편 만화로 참여한 《쾅》이라는 만화 잡지 덕분에 한국에 이렇게 멋지고 예술적인 만화를 독립적으로 그리며 이어가려는 움직임이 있다는 걸 처음으로 알게 되었다. 아무튼 당시 나는 《쾅》의 독자이자 작가님의 팬이었고, 작가님은 그런 독자를 따뜻하게 반겨주시는 창작자였다.

그리고 구 년의 시간이 흐르는 동안, 재훈 작가님은 영화감독 이와이 슌지와 방탄소년단 RM의 뮤직비디오, 몽블랑 광고, 영화 〈파묘〉(2024)의 콘셉트 아트를 작업한 아티스트가 되었고 나는…… 나는 그냥 직장인이 되었다. 만화 편집자라는 직장인. 재훈 작가님이 점점 거장(?)이 되어가실 때마다 신기했는데, 작가님도 만화 편집자가 된 내가 신기하다고 하셨다. 그럴 만하다. 만화를 좋아하는 사람은 많지만, 그러면 보통 창작자가 되거나 하지 만화 편집자라는 직업을 갖는 경우는 잘 없으니까. 이런 직업이 있는지조차 모르는 사람도 태반이다. 자조는 각설하고, 작가님은 일본과 달리 한국은 만화 편집자의 존재나 역할이 보이지 않는 것이 아쉬웠다고 하시며 나의 행보에 응원의 말씀을 잔뜩 해주셨다.

  일본 만화 편집자는 무슨 일을 하길래? 구글에 일본어로 '만화 편집자'라고 치면 다음과 같은 연관 검색어가 뜬다. '만화 편집자 필요 없음' '만화 편집자 불요(不要)론' '만화 편집자 무능' '만화 편집자 어째서' '만화 편집자 속내' '만화 편집자 믿을 수 없음' '만화 편집자 짜증나' '담당 편집자 싫음' '만화 편집자 쓰레기(クズ)'…… 무슨 일을 하길래 이런 소리를 들어야 하는가? 아마 아이돌 팬들이 불만과 아쉬움으로 소속사나 코디 같은 관계자에게 욕하는 행동과 비슷하다고 생각하면 될 것 같다. 물론 모 편집자가 담당 작가에게 보내려던 메시지를 같은 연재지의 선배 작가에게 잘못 보냈는데, 그 내용이 이루 말할 수 없이 폭력적이라 선배 작가로서 경악했다는 소문 등도 있는 걸 보면 일본은 만화 편집자가 많은 만큼 좋지 못한 인격체들도 왕왕 있는 듯하다.

  아무튼 일본의 만화 편집자는 작가와 작품을 만드는 데 있어 기여하는 바(감 놔라), 혹은 관여하는 바(배 놔라)가 커서 그렇다는 뜻이다. 『귀멸의 칼날』이나

『스파이 패밀리』가 편집자의 말을 따른 덕에 대박이 났다, 라는 식의 이야기도 흔히 들어봤을 거다. 일본 만화 편집자들의 주 업무는 잡지나 플랫폼에 작품을 연재시키는 것이다. 이를 위해 매주 작품의 콘티를 확인하고 피드백을 주고받으며 작가들이 연재 주기에 맞춰 무사히 한 화를 완성하고 작품을 이어가는 것을 서포트한다.

 잡지에 작품을 연재시키고 그것을 단행본으로 묶어 파는 것이 만화 출판사의 가장 큰 매출 공신이니 이것이 그들의 가장 중요한 업무겠지만 차기작을 준비하는 기성 작가들과 연재 회의도 하고, 무엇보다 신인 작가를 육성하는 데에도 수고를 아끼지 않는다. 지금 일본에서 가장 난다 긴다 한다고 평가받는 슈에이샤의 린 시헤이 편집자는(그의 연관 검색어는 '린 시헤이 유능'이다) 담당 작가가 약 백여 명인데, 그중 실제로 연재를 하는 작가는 다섯 명도 안 되고 대부분이 신인 작가라고 한다. 그는 담당 작가를 다섯 단계(단편 완성, 단편 투고, 만화상 수상, 연재 투고, 연재 확정)로 나누어, 단편 한 편 완성해본 적 없는 예비 작가를 장편을 연재하는 작가로 키우는 과정을 그리며 일하고 있다고.

 모든 만화 편집자들이 린 편집자를 스타 편집자라

이야기하지만 그는 슈에이샤의 간판 잡지인 《주간 소년 점프》 편집자 출신도 아니고, 《점프SQ》라는, 다소 '시시한' 만화들이 연재되던 잡지의 편집자였다. 『체인소 맨』이 대중적으로 큰 성공을 거둔 것은 애니메이션 방영을 기준으로 2021년쯤이지만, 린 편집자가 후지모토 타츠키를 처음 만난 것은 작가가 고등학생이었을 때다. 그때부터 『체인소 맨』의 성공까지 십여 년의 시간을 함께해온 거다. 하물며 후지모토 타츠키가 본격적인 집필을 위해 도쿄에 상경했을 때 그가 살 집까지 함께 봐주었다고 한다(영화를 좋아하는 그를 위해 영화관이 가까운 집을 알아봐줬다고). 린 편집자뿐 아니라 일본에는 수많은 스타 만화 편집자가 있고 본인들이 함께해온 작품들이 작가도 아닌데 이력처럼 소개된다. 작가와 함께 작품을 만들고, 그것을 대중에게 선보이기까지의 일에 편집자의 역할이 크니 어찌 보면 당연할지도.

 이런 일본에서도 만화 편집자가 더이상 필요 없다는 이야기가 도는데 과연 한국은 어떨까. 모국의 만화 편집자(바로 나)는 어떤 일을 하고 있나? 내가 대표성을 지닐 수는 없지만 한국의 만화 편집자의 주 업무는 책을 내는 일인 것 같다. 해외 만화라면 한국어 출판권을 계약해 와 정식 번역본을 출간하는 일. 국내 만화라면 소수의 만화 잡지를 제외하곤 연재를 중심으로 돌아가는 일은 거의 없고, 기존에 존재하는 원고를 발굴하고 수급해 책으로 출간하는 일 정도. 그마저도 웹툰 단행본 출판이 대부분이다.

즉 일본처럼 작가와 매 화마다 콘티를 확인하고 긴밀하게 소통하며 작품을 만들어가는 일은 거의 없다. 작가에게 이런 작품을 만들어보면 어떨지 먼저 제안하거나 작품을 만들기에 앞서 같이 회의를 하는 일도 드물다. 이런 일은 출판 만화의 편집자보다는 웹툰 PD의 일이 되었다. 그럼에도 일본 만화 출판사인 스퀘어에닉스에서 편집자 생활을 한 이현석 선생님은 한국과 일본 만화 시장의 차이는 편집자(PD)의 유무에서 오는 것 같다고 말씀하신 적이 있다. 한데 작가가 누군가와 '함께' 작품을 만든다는 일은 무엇이며, 그 협업이 현시점에 정말 필요한가?

어떻게 아직도 편집자를 하고 있지 싶을 정도로 나는 성격이 급한데다가 꼼꼼하지도 못하다(사실 이는 원인과 결과 관계일지도 모른다). 그리고 교정 교열 실력도 별로다. 하지만 어쩔 수 없는 일이다. 일을 시작하고 입때껏 고쳐지지 않는 것이라면 앞으로도 영영 고칠 수 없는 것이다. 나는 애초에 단점을 고치는 일 같은 건 하지 않는다. 단점은 고쳐봤자 마이너스에서 제로가 될 뿐이다. 대신에 장점을 찾아서 그것을 더 잘할 수 있도록 마구 개발하는 방법을 택했다. 후자는 플러스가 아니라 곱하는 방식으로 성장한다.

그렇게 내가 찾은 돌파구이자 해방구가 딴짓이다. 이미 담당 원고가 쌓여 있는데 비평가 선생님을 붙잡고 에세이를 하자고 조르고, 아무도 안 시킨 뉴스레터 〈만화다반사〉 같은 걸 하는 것도 그런 이유에서다. 이 직업과 적성이 안 맞는 난 정말, 도저히, 이 일을 하면서 딴짓을 하지 않으면 못 견디겠다…… 광고 회사 출신이자 삼십대 OL(오피스 레이디, 사무직 여성) 만화를 그리는 것으로 유명한 오카자키 마리의 『서플리』에 그런 대사가 나온다. "내가 하고 싶은 일이 사회에 미리 직업으로서 준비되어 있을 거라고 생각하지 않는"다고. 이 대사에 공감한다. 내가 하고 싶은 일도 한국의 만화 편집자라는 직업 안에 모두 있지 않은 것 같다.

'젊은 만화가 테마단편집'의 세번째 단행본 『이 편지가 도착하면은』을 편집할 때 있었던 일이다. 작가님이 보내주신 단편 콘티를 확인했다. 가능한 한 빠르게 피드백을 드려야 바로 선화 작업에 들어가실 수 있겠다 싶어 속히 콘티를 읽어보았다. 분명히 재밌고 훌륭한 단편이었지만 '연애편지'라는 이번 테마와는 거리가 있는 이야기였다. 연애편지가 나오긴 하는데, 정말 나오기만 하고 그걸 중심으로 사건이 흐르지는 않는달까. 마지막으로 섭외해 뒤늦게 참여가 결정된 작가님이었고 당연히 작업 시간도 부족했다. 그런데 내가 여기서 그냥 좋다고, 이대로 작화를 시작해달라고 해버리면 어떻게 될까.

  연애편지를 주제로 한 다른 단편들 사이에서 이 단편만 붕 뜨게 될 뿐이다. 아닌 걸 아니라고 말하지 않으면 작가님께도, 이 책에 참여하는 다른 작가님들께도, 그리고 무엇보다 책을 읽을 독자분들께 가장 실례다. 작가님께 대단히 재밌는 이야기지만 연애편지라는 주제와는 동떨어진 것 같다고 의견을 전했다. 이런 설정을 가진 주인공이니 지금의 A라는 사건을 B라는 사건으로 바꾸어보면 어떨지, 주인공의 사연이 이렇다 한다면 C 같은 사건을 겪는 전개가 자연스럽지 않을지 등등의 대안과 의견을 잔뜩 덧붙이며.

  알겠다고 하신 작가님은 바로 다음주에 새로운 콘티를 보내주셨다. 새 콘티는 확실하게 연애편지에 대한 이야기인 동시에 내 의견을 충실하게 반영하고 있었다.

놀라운 것은 내가 말한 대로 반영됐지만 분명히 다른 이야기였고, 그것은 완전히 작가님만의 이야기였다는 사실이다. 주제에 맞추는 것은 당연하고, 무엇을 어떻게 바꿔야 재밌어질지를 처음부터 다 알고 있었던 것처럼 확연히 바뀐 이야기를 보며 한 주 만에 작가님께 무슨 일이 있었던 건가 싶었다. 그뒤로도 작가님은 단편을 완성하기까지 의논하고 싶은 것들을 말씀해주셨고, 나도 의견을 나누면서 50페이지의 단편 한 편을 완성했다.

  책 한 권도 아니고 짧다면 짧은 분량의 단편이었지만 이게 그거 같았다. 사회에 미리 직업으로 준비되어 있지 않은 내가 하고 싶은 일. 보고 싶은 작가와 만화가 떠오른다. 원고를 청탁한다. 회의하고, 의견을 주고받고, 가끔씩은 (사실 대부분의 시간을) 이 만화 재밌죠, 그 영화 보셨나요 하는 이야기를 나누면서 창작자가 언제 무엇으로부터 영향을 받는지, 지향하는 바를 파악해서 작품을 완성한다. 작가님과는 앤솔러지 작업 후 기존에 작업해두신 단편 만화들을 모아 단행본을 내기로 논의중이었다. 나는 또 갑자기 딴짓이 하고 싶어졌고 작가님께 메일을 다시 보냈다.

  사실 저는 작가님과 같이 새로운 이야기를 만들고 싶고 그걸 만화책으로 만들고 싶다고. 전에 작가님이 하신 말씀을 듣고 작가님이라면 정말 재밌게 그릴 것 같은 기획이 하나 생각났는데, 괜찮으면 저랑 새로운 이야기를 같이 만들어주세요……라고. 갑자기 맨땅에 헤딩하자는 이야기를 드리는 게 송구하고 겁이 나기도 해서 충분히 생각해보고 연락을 달라고 했다. 그래 놓고 퇴근 후 한 시간에 한 번씩 메일함을 들여다보며 답장을 기다렸다. 알다시피 회신이 늦어진다는 건 구십사 퍼센트의 확률로 거절이다. 그리고 그 확률이 백 퍼센트가 되어가기 직전 작가님께 답장이 왔다.

> 꼭 무슨 일이 있더라도 김해인 편집자님과 새로운 이야기와 책을 만들고 싶습니다.
> 말씀 주신 기획을 읽고 답변을 미뤄둔 사흘 동안 이 책에 대한 걱정보다는 어떻게 해야 재밌는 걸 만들 수 있을지 궁리하고 있었습니다.
> 편집자님을 늘 믿고 있습니다(모브가 에쿠보에게 느낀 신뢰 백 퍼센트처럼……).

나는 종종, 아니 꽤 자주 책이 출간되고 나면 내가 이 책을 내는 동안 한 게 뭐지 싶다. 작가님이 그린 원고가 알아서 척척 들어와, 디자이너님이 속속 식자를 해주고,

마케터분들이 각 서점에 책을 보내주면, 어느덧 짠 하고 책으로 나오는 것 같다. 내가 한 일은 인쇄소에 데이터를 쏘고 별다른 사고 없이 무사히 완성되기만을 비는 게 다 아닌가? 정말로 무사히 본사에 입고된 책을 마주하면 그런 허탈한 생각이 들곤 한다.

 그건 아마 편집자가 적성에 안 맞고, 편집자로서의 능력이 부족하다고 생각해서 그런 것 같다('만화 편집자 무능'). 벌써 칠 년 차인데 왜 맨날 힘들고('만화 편집자 어째서'), 다 처음 하는 것처럼 어렵고('만화 편집자 믿을 수 없음'), 남들처럼 차분히 못할까('만화 편집자 짜증나'). 이런 생각이 책 한 권 내는 동안에도 수십 번씩 든다. 혹시라도 내가 무언가 성과를 낸 것처럼 보인다면 그건 순전히 운이 좋아서 얻어걸린 거라 생각한다.

 근데 그런 식으로 생각은 해도, 앞으로 자기 비하는 하지 않기로 했다. 스스로가 못한다는 사실이 짜증나고 견딜 수 없으니 내 마음 편하려고 자기 비하를 하는 건데 앞으론 그러면 안 될 것 같다. 내가 그런 생각을 하고 있으면 작가님들은 무능하고 믿을 수 없고 짜증나는 사람에게 원고를 맡기는 사람이 되는 거니까. 작가님들을 그런 사람으로 만들지 않기 위해서라도 지금부터는 내가 나를 일부러 몰아가고 비난하는 일은 삼가려고 한다.

출판 만화 세계를 그린 마츠모토 타이요의 만화 『동경일일』에 희한한 콤비가 나온다. 처음에는 손발이 하나도 안 맞아서, '응 니 얘기 절대 안 들어' 하는 만화가 아오키와 '응 니 만화 개구려' 하는 편집자 하야시는 이야기가 흐를수록 조금씩 서로 마음을 열고 이해하기 시작한다. 하지만 인기 가도에 오른 아오키가 그제야 자기는 만화가를 할 깜냥이 안 되는 거 같다고 만화를 그만두고 싶다고 말한다. 하야시는 아오키에게 이렇게 이야기해준다. "나는 네 만화를 정말 좋아해. 같이 만화를 만드는 사이에 점점 각별해지더라고. 정말 대단한 작품이구나…… 하고. 지금, 세계 최고의 만화를 만들고 있다고 믿어."

　이 장면을 교정 보다가 눈물이 났다. '세계 최고'. 어이없는 말이다. 세계 최고라는 말을 그렇게 막 써도 돼? 세계가 얼마나 넓은데. 너와 너의 만화가가 그리는 만화는 『명탐정 코난』이나 『원피스』 같은 게 아니라 고작 동북아시아의 한 만화 잡지에 실리는 작품일 뿐이고, 딱히 독자들에게 큰 인기도 없으며, 만화사에 기록되지도 않은 채 언젠가 잊힐 것이다. 작품 속으로 들어가 아름다운 말을 주고받고 있는 두 사람의 산통을 깨고 그렇게 말해주고 싶은데도 계속 눈물이 났다.

사실 이런 말들은 다 내가 나한테 하는 말이다. 단행본 100권이 훌쩍 넘은 『명탐정 코난』이나 전 세계인이 사랑하는 『원피스』 같은 만화가 버젓이 존재하는 세상에, 부끄럽지만 나도 그들에 비견하는 세계 최고의 만화를 만들고 있다고 생각중이다. 다른 건 몰라도, 나도 정말로 작가님들의 만화를 좋아한다.

일본에서는 이제 유명 만화 출판사의 잡지에 실리거나 편집자의 지시를 따르지 않더라도 SNS에서 바이럴을 타면 손쉽게 유명해질 수 있으며, 주간과 월간 등 힘들게 지켜야 하는 연재 주기에 구애받지 않고 자유롭게 창작한 작품을 개인 홈페이지에 올리면 충분하다고 한다. 실제로 편집자의 '감 놔라 배 놔라'를 듣지 않고 그린, 네 컷에서 여덟 컷 정도의 짧은 만화들이 순식간에 수천, 수만 RT를 타고 인기를 얻는다.

한국은 만화 시장 자체가 죽어가고 있다. 출판 만화 일을 하고 있지만 이건 부정할 수 없다(하지만 생각해보면 우리도 다 매일 조금씩 죽어가고 있다). 지금 일하는 출판 만화 편집자들도 떠나고 있는 마당에 한국에서 만화 편집자가 필요할까. 향후 십 년 내에 AI가 대체할 직업에조차 거론되지 않는 이 직종. AI도 출판 쪽은 건들고 싶지 않을 거다. 돈이 안 되니까……

그치만 돈 되는 게 뭔지 감도 없고, 편집자의 기본인 교정 교열도 잘 못 보고, 하물며 딴짓하는 데나 일가견이 있는 나지만 다른 걸 해야겠다는 생각은 어째선지 들지 않는다. 만화 말고 다른 건 할 수 없다는 게 문제가 아니라, 만화 말고 다른 건 하고 싶지 않다는 게 문제다. 이 마음은 뭘까? 그냥 우물 속에 안주하고 싶은 안일함? 타고나길 시대의 흐름을 탈 줄 모르는 아둔함? 만화를 하는 이 마음은 미련일까? 끈기일까? 집착일까? 집념일까? 고민이 아직 해결되지도 않았는데 이제부터 만화를 만들어야 한다.

  그리하여 나는 내 고민이 덧없다고 결론을 내렸다. 나를 백 퍼센트로 믿고 있다는 작가님과 하고 싶었던 일을 하게 됐으니 백날 해봐야 돈 한푼 안 나오는 별 시답잖은 생각은 그만두고 밥값을 하러 가야 한다. 결국 만화를 하다보면 이 고민에 대한 답이 나올 것이다. 딱히 답이 나오지 않아도 상관없다. 만화 편집자 필요 없다는데 뭐 어쩌겠어, 하고 배 째라고 누워 있는 상태다. 곰곰이 생각해보니 만화 편집자가 필요하다고 나서서 증명할 필요가 없다. 대신 더 간단한 방법이 있다. 작가님과 함께 재밌는 만화를 만들고, 책을 내면 되는 것이다.

만화 표지 작업 이야기

책에서 표지는 얼마나 중요할까? 상당히 중요하다.
만화책에서는 얼마나 중요할까? 여기서도 상당히
중요하다. 홍대에 있는 만화 전문 서점 북새통에서
만화책 구경을 하다보면 눈에 먼저 들어오는 만화들이
있다. 대부분의 만화책은 비닐로 래핑이 되어 서점에
배본이 되기 때문에 본문을 볼 수 없다. 그래서 그런지
비닐 속에 갇힌 만화 표지들은 모두 내가 제일 재밌다고
외치고 있는 것 같다. 종종 표지만 보고 끌려서 샀다가
'표지 사기'를 당했다고 말하는 경우도 있다. 난 BL
만화를 살 때 겪었다. 표지의 검은 머리가 수인 줄
알았는데 공이었다든지(표지나 띠지에 공수▪ 표시를 확실히 해달라). 아무튼 만화는 본문을

▌BL, GL 등에서 커플링을 나타내는 개념으로 관계의 주도권을 가지는 쪽을 공, 그 반대를 수로 규정한다. '공×수'로 표기하며, '강공, 광공, 후회공, 재벌공' '미인수, 아방수, 병약수, 무심수' 등과 같이 쓰인다.

보고 살 수 없기 때문에 호기심을 유발하는 표지의 역할이 지대하지 않나 싶다.

　보통 만화 표지는 이런 식이다. 첫째, 인물 중심. 메인 캐릭터 한 명이 표지를 구성하는 경우가 많고, 전신보다는 상반신 위주로 실린다. 배경이 중요한 만화가 아니라면 그리지 않고 단색이나 패턴을 이용하는 경우가 많다. 인물 외의 요소들은 절대로 캐릭터의 존재감을 해치지 않는 선에서 배치 및 활용된다. 만화에서 중요한 것은 첫번째도 캐릭터고 두번째도 캐릭터니까(세번째까지 물어본다면 그것 역시 캐릭터다). 만화책은 1권이 대표 이미지로 미디어나 각종 이벤트, 인터뷰 등에 가장 많이 노출되기 때문에 1권의 표지엔 작품에서 가장 중요한 주인공이 실리며, 작품을 상징하는 포인트 컬러로 대중적인 느낌을 살린다.

　둘째, 거대한 제목. 요즘 일반 단행본은 제목을 작게 넣는 것이 유행이라던데 만화는 제목의 존재감이 인물만큼이나 크다. 『주술회전』의 일본어 원서를 보면 제목 디자인이 무척 근사하다. 획수가 많은 네 개의 한자가 약간은 가독성을 포기한 채 거칠게 쓰여 있는데, 피로 쓴 것 같기도 하고 손톱으로 새긴 것 같기도 하다. 투박한 선으로 그려지는 아쿠타미 게게 작가의

작화와도 어울린다. 시이나 우미의 『아오노군에게 닿고
싶지만 죽고 싶어(青野くんに触りたいから死にたい)』의
원서 표지는 触, た, 死, た를 전면에 크게 배치했는데,
획수가 많고 주요 의미를 담고 있는 한자를 강조한 제목
디자인이 인상 깊었다. 둥글둥글한 히라가나, 좀더
각지고 심플한 가타카나, 획이 많고 뻗침이 있는 한자
등 다양한 글자를 쓰는 일본어의 특성이 디자인적으로
재밌는 시도를 해볼 수 있게 하는 듯하다.

 서이레·나몬 작가님의 웹툰 단행본 『정년이』가 첫째와
둘째 조건을 충족시키며 딱 이러한 형식으로 만들어진
모범적인 표지다.

 입사 초반에는 인수인계받은 일본 만화들을 내기
바빴다. 가능한 한 원서와 유사하게 출간하는 방향으로
책을 만들었고 지금도 특별한 경우가 아니라면 그렇게
하고 있다. 그래야 빨리 책을 낼 수 있기 때문이다.
가뜩이나 몇 주를 기다려서 감수 자료에 대한 회신을
받았는데 이것저것 원서에 가깝게 수정해달란 이야기를
들으면(혹은 왜 원서와 다른지 설명해달라는 이야기를
들으면) 출간이 지연될 수밖에 없다.

 그러다 국내 만화를 조금씩 맡기 시작하면서 담당
디자이너, 작가님과 표지를 함께 만드는 작업을 하게

됐다. 책을 만들어가는 과정중 가장 설레고 즐거우면서 매번 머리를 싸매게 만드는 단계기도 하다. 2교 교정을 다 볼 때쯤 원고를 충분히 읽은 디자이너님과 만나 콘셉트를 정한다. 나는 디자이너님을 최대한, 아니 전적으로 신뢰하려는 편이다. 편집은 편집자에게, 디자인은 디자이너에게. 서로가 서로의 전문 영역을 존중하는 편이 효율적이고, 무엇보다 내 덜떨어진 미적 감각을 믿을 수 없기 때문이다.

　하양지 작가님의 『안녕이 오고 있어』를 만들 때의 일이다. 작가님께서 그리고 싶었던 두 가지 시안 중, 인물들의 표정이 더 잘 드러날 수 있도록 의견을 드려 완성된 일러스트를 받았다. 김정연 작가님의 추천사도 들어와 띠지도 완성하고, 이제 작성해둔 제작 발주서만 제작부에 전달하면 되는 상황이었다. 그런데 디자이너님께서 민트색 배경을 4도 인쇄가 아닌 별색▌으로 하자는 의견을 주셨다. 별색이라…… 4도랑 큰 차이가 있나? 별색 인쇄를 하면 제작비가 오르기도 하고, 제작 발주서도

▌인쇄용 색상인 CMYK(사이언, 마젠타, 옐로, 블랙) 네 가지 색으론 구현할 수 없는 특수한 색으로 인쇄소에서 잉크를 섞어 새로 만들어낸다.

제출하기 직전이라 이제 와서 다른 선택지를 고려하기가 조금 번거로웠다. 하지만 디자이너님의 의견에 따라 단순

4도가 아니라 별색을 추가해 인쇄를 진행했고, 결과는 '별색 안 했으면 어쩔 뻔'이었다.

『안녕이 오고 있어』를 읽다보면 어느 순간 이 장면이 현실이 아니라, 아이들의 상상이나 꿈은 아닌지 싶은 사건들이 펼쳐진다. 표지 바탕에 옅은 노란색과 흰 우유를 잔뜩 푼 듯한 민트색이 그 환상성을 머금어주고 있다. 표지 속 아이들은 각자 다른 곳을 바라보며 어딘가를 향해 함께 가고 있는데, 이 세상이 아닌 어떤 장소, 구름 위 같은 곳을 걷고 있는 듯한 느낌도 들고⋯⋯ 종종 일본 원서의 키라키라(キラキラ)한 색감에 혀를 내두르게 된다. 그들은 6도, 7도까지 인쇄를 하니 단순 4도로는 구현되지 않는 색감을 보고 있자면 별색의 아름다움을 느낀다. 아아, 별색은 아름다운 거구나. 그냥 아름다운 게 아니라 '개아름다운' 거구나. 별색 안 했으면 어쩔 뻔했나.

『기억의 해부학』을 할 때는 처음으로 '디자인은 독심술의 영역이다'라는 생각을 했다. 이 작품은 '아이는 반드시 세 명을 낳아야 한다'라고 말하는 의미심장한 남편과, 그런 남편에게서 두 아이를 데리고 도망치려는 주인공 지안이 등장하는 가족 스릴러다. Add August 작가님께 받은 일러스트는 톤■도 쓰지 않은 얼굴 위주의

▌스크린톤을 일컫는 것으로, 흑백 만화에서 빛의 음영 등 다양한 회색을 표현하기 위해 사용되는 스티커형 필름 형태의 재료. 현재는 실물 형태의 톤은 거의 쓰이지 않고 디지털로 넘어왔다.

인물 일러스트 두 점. 이를 상권과 하권에 각각 싣는 것 말고는, 이렇다 할 콘셉트가 잘 떠오르지 않았다. 디자이너님께 잘 모르겠지만 아무튼 실험적이고, 기하학적이면서, 그냥 좀 간지가 나는 표지를("느낌 아시죠?") 작업해달라는 이야기만 반복했다. 뭐라고 떠드는지 나도 몰랐다. 하지만 디자이너님은 뭔 소린지 알겠다는 듯한 인자한 미소로 돌아가셨고 다음주에 세 가지 시안을 잡아주셨다. 첫번째 시안. 오, 너무 좋아요. 두번째 시안. 와, 이것도 너무 좋아요. 세번째 시안을 본 순간 방언이 터졌다. 아, 제가 말했던 게 바로 이거였어요!!!

분명히 처음 보는 시안인데 내가 바랐던 표지가 바로 이거였구나, 하고 느꼈다. '기억의 해부학'이라는 제목의 글자들이 글자보다는 도형으로 보이도록 적혀 있는데, 앞표지에서 책등 그리고 뒤표지로 쭉 이어지는 연결이 또한 기가 막혔다. 편집자가 원하는 바가 있어도 디자인의 언어로 표현하거나 전달하지 못하는 것들이 있다. 혹은 원하는 바가 추상적인 덩어리('그냥 좀')나 의문의 더미 상태('간지가 나는'……)로만 존재해 내가 뭘 원하는지 모를 때도 많다. 디자이너는 그때 그 덩어리를 깎고 더미를 헤쳐 상대가 원하는 바가

이것이었음을 시각적으로 제시한다. '실험적' '기하학적'
'그냥 좀 간지 나는'이라는 표현을 듣고 이런 표지를
뽑아낸다는 것은 디자인을 넘어 독심술의 영역이 아닌가.

 최근의 일이다. 민지환 작가님의 『허무의 기록』 담당
디자이너님과 첫 만남이었다. 회사에 다닌 지 육 년
차인데 처음 뵙는 디자이너님이었다. 어색하게 인사를
나누고 이것저것을 여쭤보았다. 입사하신 지 한 달
되셨다고 했다. 한 달. 길다면 길고, 짧다면 아주 짧은
시간이다. 게다가 만화는 처음 해보신다고 한다. 그렇다.
누구에게나 처음인 순간은 있기 마련이다.

 며칠 뒤, 만화를 좋아한다고 밝힌 디자이너님은
『허무의 기록』에 대한 감상문을 건네주셨다. 짧지만 아주
작은 글씨로 빼곡하게 적힌 감상문이었다. 일단 그동안
일하면서 디자이너님께 원고를 어떻게 읽었는지에 대한
감상문을 받아본 것이 처음이었고, 심지어 그 감상문은
원고에 대한 완벽한 이해를 바탕으로 하고 있어서
놀랐다(이 책에 실린 「형은 동생을 사랑한다」와 거의
일치하는 감상. '근친'을 근친으로 볼 줄 아는 혜안과
심미안의 소유자였다).

 표지 디자인 회의를 할 때가 다가왔다. 빨간색이
『허무의 기록』의 포인트 컬러임은 말하지 않아도 둘

다 같은 생각이었다. 그것 외에 나는 작가님께 표지용 일러스트를 어떻게 요청할지만을 생각하고 있었다. 디자이너님이 꺼낸 아이디어는 조금 달랐는데, 빨간색 배경에 적색 박을 찍고 싶다는 것이었다.

 빨간 배경에 빨간 박을 찍으면…… 그게 보이나? 그때까지는 후가공에 대해 한 번도 진지하게 생각해본 적이 없었다. 늘 하던 대로, 웬만한 만화 표지가 으레 그렇게 하듯, 인물 일러스트 위에 에폭시를 올리거나 제목이 잘 보이도록 최대한 번쩍이는 박을 넣는 것 말고는. 만화책은 보통 다른 분야 책들보다 싸야 하고, 그러다보니 제작비 절감에 쫓겨 항상 안정적이고 경제적으로만 책을 만드는 데 신경쓴 탓이었다.

 하지만 이번에 내가 디자이너님께 드린 표지 발주서에는 이런 내용이 있었다. '어느 멋진 공간에 놓여 있어도 어색하지 않은 오브제 같은 책' '디자이너님의 꿈을 펼쳐주세요'. 디자이너는 정말로 꿈을 펼치려고 하고 있는데 나는 그런 주문을 한 주제에 또 관성대로, 천편일률적인 것만 생각하고 있었다는 깨달음이 왔다. 만화는 처음이라는 입사 한 달 차의 디자이너님께서 주신 아이디어 하나에 말이다. 칠 년 역시 짧다면 아주 짧은 시간이었다.

소프트 터치 코팅으로 건조하고 맨질맨질해진 적색 종이 위에 찍힌 커다란 적색 박은 은은하고, 방금 막 흘린 선지피가 고여 있는 느낌이었다. 출간된 후 동료들로부터 표지가 예쁘다는 이야기를 정말 많이 들었다. 이런 적도 처음이었다. 실력 있는 디자이너님을 만나, 재주는 곰이 부렸는데 돈만 받아먹고 있는 왕서방이 된 기분이 들어서 '저한테 표지 예쁘다고 하지 말고 디자이너님께 해주세요'라고 답했다. 그리고 『허무의 기록』 후 바로 다음 책도 같은 디자이너님과 하게 되었다. 사실 내가 간곡하게 부탁했다. 안나래, 김달, 스미마 작가님의 앤솔러지 『도덕적 해이』로, 만화를 편집하면서 처음으로 '청소년 구독 불가' 문구를 붙일지 말지 기로에 선 아슬아슬한 내용의 만화들이었다.

이번에도 디자이너님은 원고를 읽고 감상을 적어주셨는데 지난번과 같이 아주 작은 글씨로 빼곡히 적은, 더욱 긴 감상문이었다. 책에 실리는 단편들에 대한 정성스럽고 정확한 감상들. 그리고 마지막에 적힌 디자이너님의 포부라면 포부, 애정이라면 애정이 담긴 아름다운 문장이 이 책을 막 시작하려는 내 머릿속을 띵 하고 울렸다.

> 처음 의뢰서를 받았을 때는 이렇게 중요한 책을 내가
> 해도 되는 걸까 싶었으나 엔딩을 보고 '이건 나만이
> 할 수 있다'고 마음을 고쳐먹었습니다.

나는 편집자로서 내가 원고에 대해 가장 잘 이해하고 있으며, 편집자란 응당 원고를 가장 잘 이해하고 있어야만 하는 사람이라 생각했다. 그것이 언제나 약간은 부담이기도 했고, 때로는 오만이기도 했다. 누구보다 내가 제일 잘 알아야 한다는 부담, 누구보다 내가 제일 잘 알고 있다는 오만. 그런데 『도덕적 해이』를 하면서 처음으로 이 책에 함께하는 누군가가 편집자보다 원고를 더 잘 이해할 수도 있고, 혹은 편집자가 미처 깨치지 못한 작품의 매력을 찾아낼 수도 있다는 걸 알았다. 이 책의 주인이 있다면 첫번째가 원고를 그린 작가님들이고 두번째는 디자이너님일 것이다.

  타라치네 존의 『바다를 달리는 엔딩 크레딧』의 표지 작업 이야기를 들어본 적이 있다. 예순이 훌쩍 넘어 영화감독에 도전한 할머니 주인공이 카메라를 들고 있는 일러스트가 1권의 표지를 가득 채우고 있다. 인물의 표정 중심에 커다란 제목을 넣은, 흔히 하는 방식의 만화 표지다. 처음에 작가는 창작의 고통이 담긴, 마냥 웃고

있지만은 않은 표정으로 주인공을 그렸다고 한다. 하지만 편집자는 1권인 만큼, 고통스러워도 설렐 것이 분명한 주인공의 '첫 시작'을 알리는 표정을 위해 입꼬리의 각도까지 디테일한 수정을 요청했다고. 아홉 가지가 넘는 표정을 그린 결과, 최종적으로 표지에 실린 주인공은 첫 시작을 앞둔 이의 설렘을 표현하기에 이 이상은 없을 표정을 짓고 있다.

  디자인 발주서에 자주 쓰는 이야기가 있다. 무엇보다 이 만화가 정말로 재밌다는 것. 대부분 편집자 다음으로 디자이너가 첫 독자가 된다. 어느 편집자야 안 그렇겠냐만 자기가 반해서 기획한 작품은 그저 재밌다. 노벨문학상 책보다 중요하고, 무라카미 하루키와 베르나르 베르베르만큼 위대한 작가다(나는 진심으로 그렇게 생각한다). 그러니 내 작품 자랑을 좀 해보는 거다. 다른 하나는 만화 같지 않은 만화 표지를 해보자는 내용이다. 왜 만화 표지는 늘 아트지에 유광 코팅이어야 하고 본문은 어두운 중질지나 변색 심한 그린라이트로만 만들어야 하나. 만화책 한 권 나오기까지 투입되는 시간과 공력을 생각하면, 최대한 아름답게 만들고 싶다(올라가는 제작비 앞에선 잠시 눈감을밖엔……). 그리고 그것은, 디자이너님 하고 싶은 대로 해주세요,

라는 주문에 의해 실현된다.

  다니고 있는 회사가 만화만 출간하는 출판사가 아니라 종합 출판사인 만큼, 다양한 분야의 표지 작업을 하는 디자이너님들이 계시다. 거기서 나오는 또다른 감각과 아이디어들이 만화 표지에 변주를 줄 것이다. 이분들만이 할 수 있는 새롭고 재밌는 만화의 표지가 있다고 믿는다. 그런 식으로 만화책이 아름다워졌으면 좋겠다. 그 어떤 책보다 기상천외한 세계를 향해 떠나는 책의 입구답도록.

주인공을 위한 신발

"넌 시집가려면 일단 옷 입는 것부터 바꿔야 돼."

얼마 전 아버지에게 갑작스러운 공격을 받았다. 유효타는 아니었다. 시집? 글쎄요? 제가 결혼을 하지 못하는 건 옷 문제가 아닙니다. 옷이 문제면 다행일 겁니다. 당신 딸은 그냥 이상합니다. 그렇지만 자식을 장가, 시집 보낼 때가 된 나이대의 어른이 보았을 때 내 행색이 문제가 된다고 하니 옷장을 열어보았다.

최근 손이 가장 자주 가는 옷은 코듀로이(얼마 전까지 나는 코듀로이를 '코로듀이'로 알고 말하며 다녔다. 골덴이란 말 두고 대체 왜……) 카고 팬츠다. 이 바지를 사기에 앞서 얼마 없는 친구들과 물어볼 수 있는 사람을 총동원하여 물어보았다. 삼십대가 카고 팬츠를 입어도 될까……? 다들 무슨 그런 걸 신경쓰냐고 하길래 맘먹고

샀는데, 고민이 무색하게 주머니가 무려 여섯 개(앞 포켓 둘, 뒤 포켓 둘, 무릎 포켓 둘)나 달린 이 바지의 매력에 푹 빠졌다. 무릎 쪽 주머니에 마스크를 넣으면 정말 그렇게 안성맞춤일 수가 없다. 주머니가 발목 쪽에도 더 달렸음 좋겠다. 영양제 넣고 다니게.

  또 옷장에서 눈에 띄는 옷은 꽃무늬가 그려진 조거 팬츠. 허리가 밴딩으로 되어 있고 통도 이 바지와 바람만 있으면 어디든 갈 수 있을 것처럼 넓어서 자주 입는 바지다. 내 생각에 아마 이 바지를 보고 아버지가 저런 이야기를 하신 것 같다. 이 바지를 입은 날이면 엄마까지 가세하여 그렇게 꼽을 준다. 하지만 포기할 수 없다. 노동 시간의 삼분의 이를 앉아서 보내는 사무직 회사원에게 이런 바지는 귀하다.

  옷에 관심이 많냐고 물으면 그런 편이긴 하다. 이를테면 나는 내가 못생긴 편이라 생각하는데 그건 그냥 '밥을 느리게 먹는다' 정도의 특징에 불과하다. 내가 못생긴 게 나한테 별스럽게 대단한 일이 아니란 것이다. 부모님 덕에 나는 키가 크고 팔다리가 길며 마른 편이다. 이렇게만 들으면 자랑 같은데 진짜 기가 막힐 정도로 옷태가 안 산다. 뭘 입어도 사이즈 안 맞는 옷을 입고 있는 느낌이 든다. 여성복의 경우 항상 어깨가 너무 딱 맞거나 소매가 짧은 편이다. 그렇다고 남성복을 입으면 마른 내가 너무 초라해 보일 만큼 크다. 그리고 난 정말 초라해 보이는 것만큼은 피하고 싶다……

　그러다보니까 유행하는 옷, 예쁜 옷을 추구하는 것은 하지 않는다. 내가 말하는 '옷을 잘 입는 사람'은 계절마다 쏟아지는 신상품을 제일 먼저 걸치고 유행하는 스타일을 빠르게 파악해 입는 사람보다는 본인 체형에 적절한 사이즈의 옷을 입는 사람이다. 굉장히 어려운 일이다. 일단 본인 체형이 어떻게 생겼는지 괴로우나 깊게 살펴본 사람이어야 한다. 팔이 길다, 발볼이 넓다, 머리가 크다, 목이 길다 등등. 나는 내가 목이 짧은 편이라는 것을 스무 살이 넘고 알았다. 그러나 아는 것과 아는 걸 받아들이는 것은 별개의 문제다. 본인의 신체적 특징을 받아들이고 그에 맞춰서 옷을 입는 것은 여간 어려운 일이 아니다. 모델이 입어서 예쁜 것과 내가 그 옷을 입는 것 사이에는 아무 상관이 없다. 정말로 아무 상관이. 그러니까 어떤 남자들은 냅다 톰브라운을 입어버리고 마는 것이다. 짧은 옷소매, 발목이 드러나는 바지가 특징이라 웬만한 동양인 체형으론 어울리기 힘든 그 옷을…… 예쁜 옷과 나한테 어울리는 옷은 별개라는 사실을 받아들이는 데 정말 오랜 시간이 걸렸다.

패션이라는 말은 결국 궁극의 핏이라는 말로 바꿀 수 있지 않을까.

뭔가를 볼 때도 옷이 눈에 들어온다. 정말 대단하다 싶었던 영화 속 패션이 있는데, 〈연애담〉(2016)에서 이상희 배우의 차림새다. 정말 그린 듯한 '인문 예술 레즈비언'의 패션이었다. 그 낡은 카키색 숏 야상과 촌스러운 앞주머니 달린 백팩은 대체 어디서 구해 와서 입힌 것일까. 소품과 의상을 담당한 분의 노고에 박수를 보낸다. 만화를 볼 때도 당연히 옷이 눈에 들어오곤 하는데 이건 영화에서보다도 중요한 문제다. 학원물이면 학원물, 소년 만화면 소년 만화, 교복과 유니폼을 벗은 캐릭터들의 사복 센스! 그것이 만화가의 관찰력을 보여주기 때문이다.

이은재 작가님은 〈ONE〉〈TEN〉〈SHUT UP! AND DANCE?〉〈몬스터〉 등의 학원물 웹툰을 꾸준히 연재하며 폭력이 한 인간, 특히 성장중인 어린 인간을 어떻게 괴물로 만드는지 일관된 메시지를 이야기해오고 있다. 작품의 주요 장면마다 로 앵글로 날아가는 거대한 비행기와 인물의 모습을 병치해 그리는 '비행기 신' 등을 비롯해 특유의 연출과 세계관(요즘 소위 말하는 유니버스)까지 탄탄해서 매번 차기작을 기다리게 된다.

이은재 작가님 작품 속의 소년 캐릭터들을 좋아하는데, 그들은 모두 간지가 작살나기(옛날 말……) 때문이다. 슬리퍼를 신겨도 아일랜드슬리퍼와 버켄스탁을 신겨주고, 패딩도 꼭 노스페이스 눕시를 입혀준다. 또 한국 남자 고등학생의 교복 핏을 정말로 실감나게 구현한다. 바지춤에 넣어 입은 교복 셔츠의 주름 묘사도 그렇고, 그것을 입고 있는 캐릭터들의 체형이 마냥 길쭉길쭉 키 크고 마른 모습으로 그려지지 않는다는 점 등이 이 만화 속 남성 청소년 캐릭터, 그리고 그들 사이에서 벌어진 폭력에 현실성을 불어넣는다.

내가 제일 좋아하는 건 〈ONE〉의 주인공인 김의겸이 신은 신발이다. 컨버스 올스타, 반스 어센틱과 슬립온, 나이키 데이브레이크 등 실제로도 학생들이 많이 신는 신발이 웹툰 속에 등장하는데, 김의겸이 신고 다니는 신발은 나이키 에어포스1 로우 화이트다. 올백 에어포스1이라니. 나이키의 클래식 모델이자, 닥터 드레가 '진정한 클래식'이라며 고집해서 신는 신발 아닌가. 어느 옷에 입어도 어색함 없는 에어포스는 내가 중고등학생이었던 십여 년 전에도 항상 인기 있는 모델이었고 아마 앞으로 십 년, 아니 백 년이 지나도 마찬가지일 거다.

'근본'이라는 단어를 신발의 모습으로 나타낸다면 새하얀 에어포스1이 아닐까? 무릎을 탁 치게 만드는 신발이었다. 그래, 에어포스는 주인공을 위한 신발이다. 온 세상 신발이 모여 있는 매장에 가서 주인공에게 신길 신발을 하나 고르라고 하면, 고민할 것도 없이 올백 에어포스다. 올백 포스를 아는 사람이 〈ONE〉을 보면 이 신발을 신은 인물이 주인공이라고 바로 알아챌 것이다. 폭력과 혼란 속에서 정의가 무엇인지 쫓아가는 주인공 김의겸에게 근본 중의 근본, 언제나 가장 '정답'스러운 신발을 신겨주다니. 나도 에어포스1을 신고 주인공이 된 기분을 느끼고 싶다.

하지만 중학교 때 신었던 에어포스는 버린 지 오래다. 다시 옷장을 열어보니 칠 년 된 체크 남방, 발끝만 겨우 보일 정도로 길어서 종종 나도 밟곤 하는 데님 스커트, 〈에반게리온〉 레이가 그려진 반팔 티, 브래지어를 어떻게 입어야 되나 싶은 슬리브리스(그니까 민소매라는 말이 있는데 왜……)가 보인다. 아, 결혼식 갈 때 입는다고 산 검정색 원피스도 있다. 그날 이후로 한 번도 입은 적 없다. 당근마켓에 조만간 시스템 검정 원피스가 괜찮은 가격으로 올라갈 테니 서대문구 일대의 주민들은 많은 관심 부탁드립니다. 실착용 일 회, 상태 최상.

아무튼 내 옷에 특징이 있다면 기본적으로 상의고 하의고 간에 내가 한 세 명은 들어갈 수 있을 정도로 좀 크다는 것인데 뭐가 문제인지 잘 모르겠다. 아무튼 이런 것을 입고 다니면 혼삿길에 지장이 갈 수 있다고 하니 결혼에 뜻이 있으신 분들은 참고하시길 바란다.

  하지만 이런 것을 입고 다녀도 좋아해주는, 아니 이런 것을 입고 다니기 때문에 좋아해주는 사람을 만나시기를 바란다. 네가 뭘 입어도 상관없다고 이야기하는 사람은 만나지 않으시길 바란다. 모두가 자기만의 이유로 선택한 옷을 입고 다니는데, 성심성의로 고르고 골라 비싼 돈 주고 사 입었는데, 뭘 입었는지가 아무런 상관이 없다니. 세상에 아무거나 입는 사람은 없다고. 하물며 만화 속 주인공도 주인공으로서 에어포스를 신는 세상이다!

말풍선 지옥

『남남』 4권을 마감했다. 디자이너님이 초교지를 만들어주시기까지가 오래 걸렸지 초교지를 받은 후에는 디자이너님과 일사천리, 속전속결, 전광석화로 교정, 수정, 다시 교정, 수정……(중략)을 거쳐 약 한 달 조금 넘는 시간 만에 완성하여 제작을 넘겼다. 이렇게 번갯불에 콩 구워먹듯 서두른 이유는 2023년 7월 17일 드라마〈남남〉의 첫 방송에 맞춰보려고 했던 것인데 무사히 방영일에 나올 수 있어 다행이었다. 그도 그럴 것이 회사에서 업무 평가서를 쓸 때 담당작의 편집 난이도를 쓰는 표가 있는데, 『남남』은 최상·상·중·하 중에서도 최상, 아니 극상, 아니 그냥 표의 공간이 허락한다면 '존나존나 개힘듦'이라고 써서 내고 싶을 만큼 힘들고 어려운 타이틀이기 때문이다(나만 힘든 게 아니라 디자이너님도 크게 고생했다).

　『남남』은 정영롱 작가님이 2019년부터 2022년까지 카카오웹툰에서 연재한 웹툰을 단행본화한 책이다. 너무 당연한 이야기지만 웹툰을 단행본화할 때에는 세로로 보는 스크롤 형식의 원고를, 페이지를 넘기며 보는 출판 원고로 편집하는 과정을 거친다. 예전에는 대부분의 작가님들이 이 작업을 직접 하셨고, 출판물 형식으로 만들어진 원고를 웹툰 형식에 맞춰 세로로 배치하는 경우가 많았기에 웹툰에서 단행본으로 옮기는 과정이 그렇게까지 어렵지 않았다.

　최근엔 원고 자체가 출판이 아니라 웹툰 형식에 맞추어 제작되는 경우가 다반사인데, 바쁜 주간 연재 스케줄로 단행본 편집을 작가가 직접 하기 어려운 사정 때문에 이 옮김의 업무는 출판사의 만화 편집자가 맡아 하고 있다. 웹툰을 단행본으로 재편집하는 사람과 출판 만화를 웹툰으로 재편집하는 사람들은 내가 더 어렵네 하고 서로 주장한다. 내가 생각했을 때는 전자가 훨씬 더 어렵다(팔이 안으로 굽는 소리). 이를테면 최근 웹툰은 엄지로 몇 번을 쓸어내려도 끝나지 않는 세로로 긴 이미지의 연출을 많이 하는데, 이렇게 세로로 긴 그림을 판형이 한정된 단행본으로 옮기는 작업은 정말 어렵다.

책은 가로세로 캔버스 크기가 정해져 있단 말이다.

  요즘은 이렇게 웹툰을 단행본 형식에 맞게 재배치해주는 전문 디자인 스튜디오와 외주 디자이너님들도 생겨 외주로 맡긴다. 그런데 『남남』은 내가 직접 하고 있다. 어쩌다보니. 진심 어쩌다보니, 다. 실질적인 작업은 인디자인으로 디자이너님께서 해주고 계시지만 한 페이지에 어떤 컷을 어디에 어떻게 배치하고, 말풍선과 효과를 또 어디에 어떻게 넣을지는 직접 콘티를 짜고 있다. 이렇게 짜는 동안 페이지 수 생각도 해야 한다. 이 장면도 중요하지, 저 장면도 명장면이지 하면서 모든 컷을 큼직하게 넣다보면 페이지 수는 어느덧 400페이지에 육박하게 되고, 4도 풀 컬러 웹툰 단행본 제작비는…… 그래서 『남남』은 길어도 330페이지 안으로 끝나게 편집하고 있다(그러고 싶다).

  이 과정을 하다보면 그런 생각이 든다. 웹툰은 웹툰으로 볼 때 가장 아름다운 게 아닐까? 왜 디지털 기기를 통해 읽는 웹툰을 책으로 옮기고 있는 거지? 이게 정말 필요한 일일까? 외주 비용이 싼 것도 아니고? 내가 하고 있는 일은…… 나의 존재는 이 사회에 정말 필요한 일일까? 그런 생각까지 들 때가 있다. 그치만 이런 생각은 뭘 하든 간에 매주 월요일 오전마다 드는 생각이기도 하다.

  『남남』을 이렇게 하는 이유는 아무것도 모르고 열정 가득, 순수하기만 했던 입사 이 년 차에 까짓거 콘티 한번 내가 짜볼까? 하는 마음으로 1권을 시작했다가 2권도 하고, 3권도 하고, 지금까지 계속하게 된 것뿐이다. 『남남』은 기나긴 스크롤 연출이 두드러진 웹툰도 아니고 거의 모든 컷의 크기가 균일해서 그렇게까지 어려울 거란 생각이 들지 않았었다. 그렇지만 웹툰 단행본 편집에서 어려운 것은 단지 기나긴 연재분의 이미지를 정해진 판형 안에 가독성 좋게 배치하는 것뿐만이 아니었다. 요즘 나는 만화에서 말풍선이라는 것이 얼마나 편집자를 골때리게 하는 요소인지 절절히 느끼고 있다.

  세로 읽기에서 가로 읽기가 되면 읽는 순서가 바뀌기 마련이다. 보통 웹툰이라면 위에서 아래로만 시선을 내리면 된다. 캔버스가 무한하니 말풍선 배치를 자유로이 할 수 있기도 해서, 가장 높이 있는 말풍선부터 순서대로 읽으면 된다. 가로 읽기는 옆으로 시선을 옮기는데, 한 페이지 내에서도 시선이 요리조리 S자로 움직여야 한다. 첫번째 컷의 아래에 있는 말풍선이어도, 두번째 컷의 위에 있는 말풍선보다 먼저 읽혀야 할 때가 있다. 그러기 위해서 말풍선을 올렸다가 내렸다가 겹쳤다가 생쇼를

다 해본다. 그럼에도 작가님들께 저자 교정을 맡기면 가장 많이 수정을 받는 것이 대사가 읽히는 순서다. 담당 편집자인 나는 원고를 외울 만큼 읽다보니 이 대사 다음은 이 대사, 하는 식으로 자연스레 순서를 따라가게 되는데, 오랜만에 다시 원고를 보는 작가님들은 순서가 어색한 것을 바로 느끼는 모양이다. 그런 식으로 한 페이지 내에서 시선이 자연스럽게 이동할 수 있도록 길을 튼다는 느낌으로 말풍선의 위치를 잡곤 한다.

 그와 동시에 말풍선은 그림을 지나치게 가리지 않아야 하고 가능하면 말꼬리는 인물의 입과 가까워야 한다. 디자이너님들이 말풍선을 달 때 말풍선과 말꼬리를 각각 만든 후 연결하는데, 말풍선과 말꼬리가 잘 연결되어 있는지, 말풍선에 연결되어야 할 말꼬리가 주인을 잃고 홀로 어린양처럼 본문을 떠돌아다니고 있지는 않은지(의외로 매 권마다 발견한다) 역시 꼭 체크해야 한다. 말풍선은 대사에 따라 대화, 생각, 외침 말풍선 등으로 구분하는 것도 필수다.

 『남남』은 대사가 정말 많은 웹툰이라서 이 부분이 참 고역이다. 어떤 대사는 명대사처럼 느껴지게 텍스트와 말풍선 크기 모두 키우고 싶으나 그림을 너무 가려서는 안 되고, 또 어떤 대사는 흘러가는 잡담 같은 대사니까 텍스트와 말풍선 크기를 모두 줄이되 또 너무 안 읽힐 정도로 작아져서는 안 된다. 그런 뜨거운 아이스 아메리카노, 카페라테 우유 빼고 달라는 진상 같은 수정을 매번 디자이너님께 요구하고 있다. 죄송하다. 나도 내가 뭘 어떻게 해달라는지 모르겠다. 그러고 나서도 재단 생각해서 말풍선을 안으로 옮겼다가, 제본 생각해서 또 밖으로 뺐다가 하고 있다.

일본 만화도 말풍선 때문에 고역일 때가 있다. 일본은 세로로 텍스트를 쓰다보니 말풍선이나 내레이션 박스 모양이 세로로 무척 좁다. 나는 웬만하면 텍스트를 가로로 쓰고 싶고 가독성을 위해 그래야 한다고도 생각한다. 세로로 좁은 말풍선에 텍스트를 가로로 쓰다보면

아니

무슨

단어 하나

뱉을 때

마다

이렇게

행갈이를

해야 해서

끔찍이

못생기고

가독성도

없는

편집을 하게 된다. 무슨 현대시도 아니고. 와야마 야야마의 『가라오케 가자!』를 편집할 때 이 문제로 무척 고민에 빠졌었다. 너무 좁은 말풍선과 내레이션 박스 몇 개만이라도 가로로 크기를 조금 늘려볼까 싶었지만 그림 가필 및 수정은 턱도 없는 소리였다. 결과적으론 거의 대부분 좁은 말풍선 속에 억지로 텍스트를 가로로 쓰며 편집했다. 한데 내가 봐도 뭔가 어색한 마당에, 하물며 편집을 한 거냐 만 거냐 하는 소리를 들으면 그래, 나는 이 사회에서 필요로 하지 않는……(후략) 상황이 이렇다보니 무고한 일본의 세로쓰기에 억하심정이 생긴다. 왜 일본은 세로쓰기를 유지하는 걸까. 글을 세로로 읽으면 눈의 피로가 덜하다고? 까짓 눈 좀 피곤하면 안 되나? 언젠가 체인소 맨의 힘으로 전쟁, 세로쓰기, 우종서(右縱書)를 없애고 싶다.

　이렇게 말하니까 엄청나게 이 일을 하기 싫은 것처럼 보인다(당연히 다른 일이라고 기뻐서 펄펄 뛰며 하진 않는다). 그런데 얼마 전에 『남남』 1권을 다시 읽으며 깜짝 놀랐다. 편집 너무 괜찮은데……? 일을 하면서 열심히야 했지 내가 뭘 잘했다고 느낀 적이 손에 꼽도록 없는데 『남남』은 내가 편집한 책 중에 나쁘지 않다고 보여줄 수 있는 책이다. 1권을 할 때는 정말로 이것저것 다 해보았다. 어떤 컷은 크게, 어떤 컷은 작게. 또 어떤 컷은 재단선 끝까지 채우는 풀 컷으로.

　『남남』 1권, 진희가 엄마의 자위를 목격하는 장면은 유일하게 양면에 풀 컷으로 크게 넣은 장면이다. 비슷하게 1권 「엄마의 어린시절」편 마지막 장면에는 고등학생 신분으로 진희를 임신한 진희 엄마가 배를 웅크리고 누워 있는 장면을 풀 컷으로 넣고 '(애 낳고 알아서) 잘 지내겠지' 하는 대사 하나만 배치했다. 「백마 탄 왕자님」편도 굉장히 신경써서 편집한 에피소드다. 소꿉친구 진수에게 처음으로 이성적인 호감을 느낀 진희가 어린 시절부터 지금까지를 떠올리며 '걔가 나를 아는 만큼 나도 걔를 안다고 생각했는데. 나는 나 하나도 제대로 모르고 있었나보다. 우리가 너무 오래 같이 다녔나봐' 하고 친구의 존재감과 거리감을 동시에 깨닫는 장면은, 작가님께서도 흐름과 호흡이 좋았다고 만족해하셨다. 중요한 장면을 위해 페이지를 아낌없이 할애한 보람이 있었다.

그 외에도 웹툰 원작과 달리 단행본에서만 볼 수 있는 편집들이 있는데, 그런 부분에 같이 호응해주시면서도 한정된 지면 탓에 불가피하게 생략되는 대사들을 감안해주시는 작가님께 감사하다. 덕분에 『남남』을 단행본으로 만들면서 만화에 대한 이해가 엄청나게 높아졌다. 만화를 읽을 때 이야기가 어떻다는 정도만 봤는데, 어떤 컷은 왜 크게 들어가야 하는지, 단순히 크게 들어간 컷과 풀 컷은 무슨 차이인지, 왜 어떤 말풍선은 아래에 위치해 있어도 먼저 읽힐 수 있는지, 혹은 밑에 있어도 먼저 읽혀야 한다면 어떤 방식으로 텍스트와 말풍선의 존재감을 부각할 수 있을지⋯⋯를 원치 않게 고민하다보니 그리되었다.

나는 나약하고 쉽게 싫증이 나는 사람이라 힘들면 바로 그만두는 타입이다. 『남남』은⋯⋯ 힘들다. 힘들긴 하다. '하지만 『남남』은 힘듦에도 불구하고⋯⋯'라고 아름다운 얘길 쓰려다가 없는 소린 못하겠다 싶어 지웠다. 여전히 왜 이 힘든 작업을 내가 하고 있지 싶긴 하다. 그래서 이 글을 쓰는 동안 곰곰이 생각해봤는데 떠오르는 이유는 하나다. 믿기지 않고 약간 끔찍하며 남에게 권장하고 싶지 않은 이유인데 『남남』이 너무 좋고, 편집이 재밌기 때문이다.

나는 순전히 재미로 『남남』을 편집하고 있다. 힘을 안 들였는데 뭔가를 성취할 리 없다. 간혹 거저 얻는 경우도 있긴 있다. 그런데 사람이란 좀 이상해서 힘을 안 들이고 뭔가를 성취하면 되레 불안해진다. 아무것도 한 게 없다는 생각에 뽀록날까봐 불안해진다. 그래서 다들 기를 쓰고 애를 쓰고 사는 것이다. 물론 힘만 들이고 아무것도 성취하지 못할 때도 있다. 그럴 때가 더 많다. 그건 정말 안타깝고 통탄스러운 일이지만 오히려 깔끔하게 포기할 수 있는 계기가 되기도 한다. 그런데 사람이 힘을 잔뜩 들였는데 그에 걸맞은 성취까지 한다. 이러면 이제 이 사람은 큰일난 거다. 거대한 성취감을 넘어 가학적인 만족감에 한번 젖어들면 사람은 좀더 이상해진다.

힘들어. 근데 재밌어. 힘들다니까. 그래도 재밌다니까. 내 안엔 나약하고 쉽게 싫증을 내서 힘들면 바로 그만둘 준비부터 하는 내가 있지만, 그럼에도 언제나 이기는 쪽은 재밌다고 기승전재미를 외치는 나다. 그럼 해야지, 어쩌겠어…… 근데 생각해보니 또 그렇다. 세상에 쉬운 일이란 게 있나. 힘들고 재미있는 일, 힘든데 재미도 없는 일. 전자와 같이 귀한 일을 만날 수 있는 것도 큰 행운이자 복이다. 『남남』같은 일 말이다.

서점 방문기를 쓰다

월말이 되면 팀원들끼리 나누는 일상적인 대화. "서점 방문기 쓰셨어요?" "아, 맞다……" "잊지 말고 서방기 쓰세요." 내가 다니는 회사에서는 한 달에 한 번 오프라인 서점을 다녀온 후 방문기를 작성한다. 서점 방문기. 줄여서 '서방기'(마치 서방정토 기행문의 줄임말 같다. 서점에 다녀오고 나면 크고 작은 깨달음을 구할 수 있다는 점에서 아다리도 얼추 맞는 듯). 서방기의 작성 여부는 물론 자율이고 분량도 자유지만 작성시에는 아래 네 가지를 포함해야 하는데, 첫째 자사 도서의 진열 및 비치 상태, 둘째 이달의 신간, 셋째 눈에 띄는 매대, 기획, 카피 등. 마지막은 직접 꼽아본 이달의 책이다.

  이에 맞추어 쓰다보면 첫번째부터 막히기 시작하는데, 나의 편집 분야인 만화는 교보문고 같은 대형 서점 혹은 신촌의 홍익문고 같은 동네 중형 서점, 아니면 아예 홍대 북새통 같은 만화 전문 서점에나 가야 만날 수 있기 때문이다. 여러분 좋아하시는 우드 톤의 책장, 한편에는 커피, 값비싼 문구와 엽서, 서점지기의 큐레이션에 따라 진열된 책이 있는 HIP하고 CHILL한 감성 동네 서점에 『죠죠의 기묘한 모험』 같은 만화는 없다. 슬픈 이야기다.

서방기를 열심히 쓴다고 인사고과에 유의미한 것도 아니기에 공들여 쓸 생각은 없는데 매번 서방기를 쓰려고 노트북 앞에 앉으면 말이 길어진다(참고로 지난 서방기는 원고지 35매였다). 타사 도서에 대한 소회(오퍼 넣었던 책이 다른 출판사에서 나왔구나—이제는 숨쉬듯 자연스러운 구질구질한 짓)와 비판(이런 책은 대체 누가? 왜 내는 것인가?—당신이 이 책을 읽으며 헛되이 보낸 오늘은 이 책이 된 나무가 그토록 살고 싶었던 내일입니다)을 중심으로 방문기를 한참 적지만, 매달 도돌이표처럼 '어차피 책 안 팔리는 건 어느 출판사나 매한가지다'라는 슬픈 이야기로 끝을 맺는다. 정말로 이딴 식으로 쓰고 있는데 임직원분들께 '서방기 잘 읽고 있다'라는 이야기를 들을 때마다 부끄럽다. 제 서방기를 읽으신다고요? 왜요? 내 서방기에는 종종 이런 이야기도 적히곤 한다.

2. 이달의 신간

『home』(나카무라 아스미코 저, 조은세상)

나카무라 아스미코, 나의 사랑.

나카무라 아스미코, 나의 빛.

나카무라 아스미코, 나의 어둠.

나카무라 아스미코, 나의 삶.

나카무라 아스미코, 나의 기쁨.

나카무라 아스미코, 나의 슬픔.

나카무라 아스미코, 나의 고통.

나카무라 아스미코, 나의 안식.

나카무라 아스미코, 나.

내가 고등학교 때부터 봐온 『동급생』 시리즈의 허카루랑 리히토(그들도 연재 당시 고등학생)가 드디어, 십사 년 만에 결혼식을 올린다. BL이라는 장르를 떠나서 그들과 함께 늙어가고 있다는 사실에 진심 벅차오르고…… 아무튼, 아무튼 그런 게 있다……(걔네는 결혼을 하고 나는 결혼하는 그들을 볼 수 있다니. 세상에 이런 축복스러운 일이. 이 책은 한마디로 그들이 내게 보낸 청첩장이 아닌가?) 어느 날 문득 히카루와 리히토는 어떻게 살고 있을까 하고 궁금할 때쯤 (그리고 마치 학원물 청춘 BL의 기강을 한번씩 잡아주겠다는 듯) 『동급생』 시리즈의 후속 권이 출간되는 것을 보며 감사히 읽자, 이번 권이 『동급생』의 진짜 마지막일 것이다, 히카루와 리히토는 'happily ever after' 했다고 한다, 그런 말을 되뇌었다.

언제 끝날지 모르는 만화를 보는 마음이 이런 걸까. 마음 한편으론 혹시 몰라, 다음 이야기가 있을지도? 라며 나카무라 아스미코 작가에 대한 믿음을, 히카루와 리히토에 대한 애정을 놓치지 않았다. 그리고 역시 아스미코 선생님은 나의 빛, 나의 삶, 나의 안식이었던 것이다. 이렇게 내게 두 사람의 청첩장을 보내준 것을 보면은.

아스미코 작가가 평생 동급생 시리즈를 '뇌절'■ 해줬으면 좋겠다. 결혼했으니까 육아물도 갑시다. 방금 잠깐 히카루를 닮은 아들, 혹은 리히토를 닮은 딸을 상상해보았다. 서툴게 아이와 놀아주며 육아를 하고 있는 리히토도 상상해보았다. 그리고 일본의

■ 『나루토』에서 카카시가 쓰는 기술 '뇌절'로부터 파생한 유행어. 똑같은 말이나 행동을 반복하여 상대를 질리게 만드는 일을 의미한다.

> 동성 부부 입양 및 육아 사례에 대해 찾아보았다.
> 딴말이지만 지난번에 대표님께서 이 책은 알라딘
> 베스트셀러던데 무슨 책이냐고 물어보셔서 뭐라고
> 설명해야 할까 무척 난감했다. 『동급생』 시리즈를
> 설명해보라고? 음…… 그것은 아주 아름다운 사랑
> 이야기다. 함께 있는 한 영원히 소년인 두 사람의
> 사랑을 그린. 이 이상으로 설명하려면 야밤에 편의점
> 의자에 앉아 깊은 이야기를 시작해야 한다. (2023년
> 5월 서점 방문기 「집중력 좋아지는 음이온 팔찌」 중)

얼마 전에는 조금 특별한 서점을 다녀오고 서방기를 작성했다. 같은 동네 사는 작가님과 만나서 저자 교정을 본 후(약 한 시간) 수다를 떨었는데(약 세 시간) 작가님께서 얼마 전에 이상한 서점을 다녀오셨다고. 그 이상한 서점에 대한 이야기를 듣고 있는데 기시감이 들었다. 그렇다. 그곳은 나의 모교 앞에 있는 서점이었다. 그런 이상한 서점은 아무래도 서울 시내에 이제 거기밖에 없을 터였다. 그런데 아직도 장사를 하고 있을 줄이야. 작가님의 전리품 자랑에 나도 오랜만에 가봐야겠다는 생각이 들었다.

내려가는 입구에(역시나 지하) 각종 만화 출판사에서

보낸 포스터와 POP들이 붙어 있었다. 변함없이 화려한 입구에 추억을 느끼며 문을 열고 들어갔더니 변함없이 구리구리한 만화책 냄새들이 났다. 중질 만화지 혹은 그린라이트가 오래된 냄새. 시간이 멈춘 서점에서 잠시 추억에 잠겼다. 이곳에선 혼자 책을 찾을 수 없었다. 언제나 사장님께 여쭤야 했다. 서점 뒤쪽으로 갈수록 무척 어두워지면서, 어디서 난 것인지 알 수 없는 책들이 있었다. 대학교 때는 이곳에 들르면 어찌됐든 간에 꼭 책 한 권은 사서 나왔다(그 덕에 제법 많은 단편 만화집들을 읽게 되었다). 한번은 구경만 하고 빈손으로 나가려다가 사장님께 한소리를 들은 적이 있기 때문이다. 다들 잠깐 시간이 떠서 구경만 하려고 서점에 가고는 하지 않나? 교보문고는 시민의 화장실로도 쓰이는데? 그러나 모든 서점 사장님들이 교보문고 창업주의 마음가짐으로 운영하는 것은 아니니까……

 2차 창작 동인지를 일반 서점에서 판매한다면 여러분은 믿을 수 있겠습니까? 이곳에선 『강철의 연금술사』부터 『슬램덩크』『테니스의 왕자』『데스노트』『최유기』 등 유명 만화의 2차 창작 동인지들을 만날 수 있었는데, 단독 책장 하나를 빼곡히 채우고 있는 『가정교사 히트맨 리본!』의 동인지를 보고 『가히리』가한 시대를 장악한 작품이었음을 느꼈다(『가히리』 이후 그만큼 오타쿠를 대통합시킨 만화는 나오지 않은 것 같다). 물론 『가히리』 시절의 동인지는 앞서 언급한 장르의 동인지들보다 훨씬 페이지 수가 적어서 세기말 동인녀들의 연성력에 압도적 위엄을 느꼈다.

  시간이 멈춘 서점답게 대해적 시대의 해적판 책들이 여전히 남아 있었다. 이를테면 오토모 가츠히로의 『아키라』 해적판. 세미콜론에서 낸 쌔끈한 거대 판형의 『아키라』는 누가 봐도 명작 같은데 이곳에서 만난 『아키라』는 어딘가 허술한 B급 만화로 보였다(오토모 가츠히로가 왜 『아키라』 한국 정발을 내키지 않아 했는지 알 것 같았다). 그 외에도 사무라 히로아키의 『무한의 주인』 해적판을 비롯해 갖은 성인 만화들을 만나고 왔다. 한참 뒤쪽에서 이상한 만화들을 디깅하고 있으니 사장님이 찾는 책 있냐고 물어보시길래 그냥 둘러보는 거라고 대답했다. 손에 들린 각종 절판 도서가 뚜렷한 목적을 갖고 온 사람임을 여실히 보여주고 있었음에도.

  이날은 총 네 권의 책을 사서 돌아왔다. 먼저 이마이치코의 『다섯 상자의 비밀』. 이 단편집으로 이마이치코를 좋아하게 됐다는 독자들이 있던데 마침 있길래 냉큼 집어 왔다. 다음은 구스모토 마키의 단편집

『메말라버린 태아』. 누가 봐도 피폐물인 표지와 제목의 책이었다. 구스모토 마키를 그리 좋아하진 않지만 이것 역시 초기 단편집이라는 데 의의를 두고 사 왔는데, 의외로 이게 제일 재밌었다. 그다음은 이와다테 마리코의 『달과 구름 사이』. 한국에는 『아마릴리스』라는 순정만화로 알려진 작가다. 『달과 구름 사이』는 아마 지금 일본에서도 못 구할 것 같다.

   마지막으로 요시나가 후미의 동인지(원서) 4권 묶음 세트. 이것을 발견했을 때쯤엔 믿기지 않아서 사장님한테 정말 여기 있는 책 다 파는 책 맞냐고 물어보았다. 사장님이 웃으면서 잠시 뒤에 혹시 이런 건 안 필요하냐며 『사랑하는 폭군』의 타카나가 히나코가 그린 아마추어 동인지를 가져오시길래, 그건 괜찮다고 했다. 그리고 저는 정말 둘러보러 온 거니까 그만 신경쓰셔도 된다고도 했다. 아무튼 넉넉한 마음으로 서점을 나왔는데 여기에 방문한 이야기로는 앞에서 언급한 서방기에 필수적으로 들어가는 내용들을 단 한 자도 쓸 수 없다는 사실을 깨닫고 다른 서점을 한번 더 다녀와야만 했다.

   매달 서방기를 쓰며 정말로 많은 출판사에서, 많은 편집자들이 책을 내고 있음을 느낀다. 무슨 이런 책을 내냐는 이야기를 하기도 했지만 아무튼 그 책도 이런저런 사정 때문에 나와야 할 필요가 있었을 거고, 모든 책은 상품이기에 앞서 편집자의 노동력과 노고가 담겨 있는 결과물이다. 그래서 모든 책이 일단은 귀하다고 생각한다. 온 세상에서 내가 제일 바쁘고 힘든 사람인 것처럼 일하고 있지만 수많은 천재적인 편집자들이 우수한 기획으로 출판 시장을 풍요롭게 만들고 독자들의 지적 세계를 넓히는 데 이바지하고 있는 것을 보며 겸허해지는 시간을 갖는다.

  구제할 길이 없어 보이는 세상은 그저 처참한 말로만을 기다리고 있는 것 같고, 사람들은 점점 더 책과 멀어지는데 어떤 편집자들은 한 그루의 사과나무를 심듯이, 혹은 노아의 방주에 이 책만은 꼭 실어달라는 듯이 책을 만들고 있다. 그 결과로 만들어진 책들이 약속 상대를 기다리느라, 혹은 화장실에 가느라 우연히 서점에 들렀을지 모르는 누군가에게, 지금 꼭 읽어야 하는 이야기가 있다며 말을 거는 것이다.

  경주마는 시야를 제한한 대신 앞만 보고 빠르게 달려나가기라도 하는데 그냥 시야만 좁은 나 같은 사람은, 더군다나 인맥도 좁고 만화 같은 특수 분야의 책만 만드는 나 같은 사람은 일하다보면 갈라파고스 제도에 갇힌 기분이 든다. 그럴 땐 서점에서 만화가 아닌 다른 분야의 책들을 보며 많이 공부한다. 박서련 작가님의 소설과 정영롱 작가님의 만화를 한 권에 담은 두 분의 합작 이야기 『제사를 부탁해』 같은 책은 매달 서점 방문이 없었다면 떠올리지 못했을 기획이다. 무엇보다 이제는 여러 이유로 전자책으로 훨씬 더 많이 읽히고 있는 만화책이 때로 그저 디지털 기기의 흰 바탕 위에 둥둥 떠 있는 픽셀로만 느껴지곤 하는데, 수많은 책들이 독자들 사이에 누워 있는 광경을 보고 있으면 그 입체감이 물씬 와닿는다. 잊지 말자. 책은 실존한다. 책이라는 건 실존하는 육면체다.

  하지만 이 모든 깨달음과 배움 속에서도 서방기를 쓰는 이유는 하나다. 서점 방문기는 주말 특근으로 인정되어 일일 근무 수당이 나온다……

2

형은 동생을 사랑한다

서울에서 파주로 출근할 때마다 같은 생각이 든다. 마치 샤워하는 동안 온갖 생각을 하다가 천재적인 발상에 이르지만 다 씻고 나오면 무슨 생각을 했냐는 듯 싹 잊어버리는 것처럼. 아침에 일어나 출근을 하고, 퇴근 후 잠이 들 때까지 이런저런 생각들을 바삐 하는 중에 가장 쓸데없고 쓸모없으며, 이런 생각은 남들에겐 말하지 않는 게 좋겠어…… 싶은 생각이 드는 것이 아침 출근 시간이다. 요즘 아침의 나는 세상의 수많은 형들과 동생들에 대해 생각하고 있다. 형제. 형과 동생. 물론 내가 생각중인 형과 동생은 세상에 실존하지 않는다.

만화 속에는 수많은 형제 캐릭터가 등장한다. 『강철의 연금술사』의 엘릭 형제, 『이누야샤』의 이누야샤와 셋쇼마루 형제, 『오란고교 호스트부』의 히타치인 형제,

『슈토헬』의 유르르와 하라발 형제, 『지옥락』의 아자 형제 등등. 잠깐 방심하는 사이 정신이 저멀리 딴 곳에 가 있을 만하다. 세상엔 왜 이렇게 아름답고 눈물겨운 형제들이 많은 건지. 최근에는 『헌터×헌터』 속 키르아와 이르미 형제에 대해 깊고 많은 생각을 하고 있다.

  명망 높은 암살 전문 킬러 집안 조르딕 가문의 삼남, 키르아라는 소년이 있다. 열두 살의 어린 나이에 상처 입은 야수 같은 깊은 눈을 하고 있는. 키르아는 조르딕 일가의 역대 킬러 중에서도 제일이라 할 만한 재능을 갖고 있으며, 조르딕 일가는 키르아가 가문 최고의 암살자가 될 거라 기대하고 어릴 때부터 그를 철저히 킬러로 교육한다. 그리고 그 가문의 장남 이르미. 기쁜 건지 슬픈 건지 감정을 알 수 없는 눈을 하고 있지만 동생을 끔찍이 사랑하는 것만은 분명한 첫째 형. 그는 동생 키르아가 가문의 후계자이자 최고의 킬러가 되기를 바라며 키르아의 머릿속에 핀을 심어놓는다. 키르아가 자신보다 강한 상대와 대적할 경우 냉정하게 도망을 선택하게 만드는 세뇌의 핀을. 킬러란 의뢰받은 상대를 죽이면 될 뿐, 굳이 자신보다 강력한 상대를 이기기 위해 노력할 필요는 없기 때문이겠지…… (여기부터 파주로 향하는 노동자의 하등 쓸데없는 이야기가 시작된다.

단언컨대 이 책에서 가장 쓸모없는 이야기라는 뜻이다.)

아니다. 이르미는 동생 키르아가 위험에 빠지지 않도록 그런 조치를 취해놓은 거다. 왜냐면 형은 동생을 사랑하니까. 사랑하는 동생을 잃기 싫으니까. 사랑하는 동생을 잃고 싶지 않은 건 형으로서 당연한 거니까. 아주 단순히 그렇게 생각할 수 있다. 그렇지만 세상에 어떤 형이 사랑하는 동생 친구를 죽이려고 하지? 이르미는 키르아가 멋대로 헌터 시험을 보러 가 곤이라는 친구를 사귄 게 영 못마땅하다. 그냥 얌전히 집으로 돌아오라 이야기하면 될 것을 동생을 붙잡고 가문을 이어 킬러가 될 네겐 친구 사귈 자격도, 필요도 없으며 그냥 앞으로도 내가 하는 말만 잘 들으면 된다고 한다.

아니 왜 그렇게까지 동생이 밖으로 나도는 걸 싫어하는 건지. 암살자 집구석이 개판이라 그렇다고 하기에는 이 가문에서 얘네 둘만 특출나게 이상하다. 네 소중한 친구를 죽일 수도 있다는 형의 협박을 들은 키르아는 공포에 떨고, 머리에 심어진 세뇌 핀 때문에 강력한 적과의 전투 내내 '넌 이길 수 없다' '이제 그만 도망쳐라'는 형의 목소리에 시달린다. 혹시 이르미의 진짜 목적은 이것이 아니었을까. 언젠가 나조차도 뛰어넘어 가문 최고의 암살자가 되어야 할 동생을 보호하기 위한 것은 차치하고, 사실은 그냥 동생이 언제 어디에서 뭘 하든, 특히 목숨이 오가는 절체절명의 순간에 오직 자신을 떠올리기를 바라는 지극히 독점적인 사랑……

『헌터×헌터』는 토가시 요시히로가 1998년부터 연재하고 있는 배틀 왕도(王道) 소년 만화다. 헌터 곤과 키르아는 각자의 목적을 위해 피나는 수련과 싸움을 거치고 우정을 쌓아간다. 급하게 덧붙인 이 성의 없는 두 문장의 소개로 여태까지 떠든 『헌터×헌터』의 형·동생 이야기가 무마될 수 있을진 모르겠다……

이런 동생을 향한 형의 뒤틀린 사랑을 보고 있자니 얼마 전에 편집한 신인 만화가 민지환 작가님의 단편 만화집 『허무의 기록』 속 형제 이야기가 떠올랐다. 이번엔 약간 반대다. 부친으로부터 오랜 시간 가정 폭력을 당해온 동생이 주인공. 평범한 형이라면 이러한 위험으로부터 동생을 지켰을 테지만 여기 나오는 형의 의중은 알 수 없다. 어느 날 이들의 아버지가 실종되고 최소한의 양심은 갖고 있던 동생은 심란한 마음이 든다. 그런 동생에게 형은 넌지시 묻는다. '아빠가 사라졌는데 기쁘진 않아?' 실종된 아버지는 진즉에 형에게 맞아 죽었다. 이 사실을 알게 된 동생은 경악하며 아버지를 죽일 것까진 없지 않았냐며, 애초에 내가 그렇게 맞고 사는 동안 뭘 하고 있다가 이제야 죽인 거냐고 묻는다. 형은 대답한다. '그런 시간들이 있어야 네가 행복해지잖아.' 형이 여태껏 동생에게 가해지는 폭력을 일부러 방관했다는 사실이 드러나는 순간, 그리고 그 이유가 드러나는 순간 동생은 무너진다.

  언젠가 최고의 킬러가 될 동생이 너무 소중해서 겁박하고 영영 홀로 두려는 형과, 큰 행복엔 큰 고통이 필요하기에 수년간 아버지의 폭력을 일부러 방관한 형. 형들의 이 뒤틀린 행동의 이유는 하나다. 동생을 사랑해서. 그들이 미친놈이라 이런 행동을 하는 건지, 아니면 동생을 사랑해서 미친 행동을 하게 되는 건지 모르겠지만 아무튼 간에(사실 다 안 중요하다), 그들은 동생을 사랑한다. 너무 사랑한다. 너무 사랑해서 이런 짓까지 한다(중요한 건 이거다). 그리고 당연히 이런 형을 사랑하는 동생은 없다. 형은 동생을 사랑하지만 그 사랑에 지친 동생은 형을 사랑하지 않는다. 여기서부터는 파주로 향하는 고속도로에 진입. 한강 물을 보면 더 깊은 생각에 빠지게 된다……

  동생도 형을 사랑한다. 하지만 형이 동생을 사랑하는 만큼 사랑할 순 없다. 하애유 상애무(下愛有 上愛無)라고 하며, 내리사랑은 있어도 치사랑은 없다는 말도 있다.
이 말이 진짜…… 형·동생 관계를 고찰하는 나로 하여금
사람 미치게 만든다. 동생은 자기를 위한다면서 기행을
펼치는 형들을 이해할 수가 없다. 누가 그래 달랬냐고.
사랑한다면서 왜 바라지도 않은 일을 하냐고? 동시에
형은 먼저 태어났다는 이유로 필연적으로 동생보다
뛰어나거나 압도적인 능력을 갖고 있다. 동생은 그런
형이 무섭다. 넘볼 수 없는 힘을 가진 존재가 나를
위한다며 벌이는 이해할 수 없는 행동들도 무섭다.
동생에게 형은 다른 무엇보다도 무서운 존재다. 키르아
역시 형의 말 한마디에 꼼짝 못하고, 『허무의 기록』
속 동생 또한 형이 살인자라는 걸 알게 됐지만 신고도
무엇도 하지 않고 그저 미쳐버린다.

   형이 동생을 마냥 사랑하기만 한다면, 형을 향한
동생의 마음은 이처럼 좀더 복잡한 레이어를 갖는다.
『모브 사이코 100』의 카게야마 리츠는 동생 캐릭터로서
무척 훌륭한 서사를 보여준다. 초능력 말고는 평범한
외모와 성적, 인간관계 또한 좁은 형 모브에 비해 동생
리츠는 준수한 용모와 우수한 성적으로 학교에서도
인기가 많다. 초능력 말고는 별 볼 일 없는 형과
초능력 말고는 모든 게 뛰어난 동생이라는 관계부터

이들의 어긋난 운명, 너무 다른 삶의 내력과 위치가 느껴진다. (똑 닮았지만 분명히 다른 두 인간이란 점 역시 형제 관계의 묘미고 또 이것이 사람—어쩌면 그냥 나만—미치게 한다……)

  그런 리츠는 어릴 적 초능력을 제어하지 못한 모브에 의해 다친 적이 있다. 그뒤 그는 형의 초능력을 선망하면서도 두려워하고, 초능력을 가졌음에도 적절히 쓰지 않는 형을 못마땅해하면서도 권력과 힘을 옳게 쓰는 법에 대해서 고민하는 복잡한 인물이다. 동생은 자신보다 뛰어난 형을 존경함과 동시에 형의 힘을 두려워하여, 그 힘을 바라며 뛰어넘고 싶어하지만 결국 좌절하고 만다. 형이 먼저 태어난 이상 동생은 그를 넘어설 수 없기에. 동생이 형을 선망하고 시기하고 좌절하는 동안 형은 그저 동생을 사랑한다. 그리고 그 끝도 이유도 없는 아득한 사랑은 수심을 알 수 없는 물속에 빠진 것처럼 필히 동생을 겁먹게 만든다. 동생을 위하는 자신의 마음에 일말의 의심도 없는 것. 나의 모든 행동은 너를 사랑해서 그렇다는 이유로 설명할 수 있다고 믿는 것. 형이란 존재는 다 미친 사람들이다. 오직 동생에 미친 사람만이 진정한 형이 될 수 있다……

  만화 속 많은 형제 관계는 현실보다 훨씬 과장된

형제애를 보여준다. 그러지 않고서야 그 둘이 작품 내에서 형제로 나와야 할 이유가 없다. 선배와 후배, 혹은 스승과 제자 등 충분히 여러 상하 관계가 있는데도 혈연이라는 관계로 그린 것에는 가족이기에 마땅한, 서로를 선택한 적 없지만 가족이라서 품을 수밖에 없는 어떤 강력한 감정과 추동이 담긴다. 그 결과 형들은 동생을 죽을 만큼 사랑하고, 동생들은 형을 죽일 듯이 미워한다. 이 감정이 말이 되려면 그들은 반드시 형제여야 한다. 단순히 말만 되는 게 아니라 진짜로 형들은 동생을 너무 사랑한 나머지 죽는다. (제발 그러지 마! 제발!)

『원피스』의 에이스는 정상 전쟁에서 해군 아카이누로부터 동생 루피를 감싸다가 죽었고, 『나루토』의 이타치 역시 자신의 우치하 일족을 다 죽일 정도로 사랑했던 동생을 위해 죽는다. 『강철의 연금술사』의 에드워드는 죽은 엄마를 되살리려는 금기의 연금술을 시도한 벌로 동생 알폰스가 몸을 잃자 자신의 오른팔을 희생해 알폰스의 영혼만 간신히 갑옷에 정착시킨다. 미쳤다. 다 미쳤다. 동생을 위해 죽고, 동생을 위해 일족을 몰살하고, 동생을 위해 팔다리를 주저 없이 자른다. 너희가 그러면 남은 동생들은 어떻게

살라고. 자기를 위해 희생하고 죽은 형 생각하면서
평생을 수절하라는 이야기냐? (수절?) 가슴이 천 갈래,
만 갈래로 찢어지는 장면 앞에서 묻고 싶다. 제발, 형들은
왜 그러는 거냐고.

  나는 요즘 '원래 그렇다'라는 말이 제일 무섭다.
서로 한 번도 원한 적 없지만 같은 배에서 태어났다는
생득적 이유 하나로 먼저 태어난 쪽은 상대를 맹목으로
사랑하고, 다른 한쪽은 그런 상대가 밉고 무섭고, 때로는
넘어서고 싶지만 영영 넘어설 수 없음에 좌절한다.
누가 봐도 뒤틀린 사랑만 퍼주는 형들과 그런 형이
무서운 동생들이, 끊을 수 없는 핏줄로 연결되어 있다는
사실이 경악스럽다. 그리고 이 모든 것이 아주 단순하고
불가항력적인 명제, 정언명령에 가까운 한 문장으로만
설명된다는 점이 끔찍하게 좋다. '형은 본디 동생을
사랑한다.' 너희들 그러게 왜 같은 배에서 태어났어.

김해인 양은 친구가 없다

주말이 끝날 때쯤 인스타그램에 접속해 타인의 스토리를 훑어보면서 놀고들 있다는 생각을 하고는 한다.
진짜로 다들 놀고 있기 때문이다(비꼬고 싶었다면 작정하고 '놀고들 자빠졌네'라고 말했을 거다). 참으로 신기하도다. 다들 어떻게 그렇게 친구가 많은 걸까.
나는 한창 사회적 거리 두기를 엄격히 시행할 때 '5인 이상 집합 금지'라는 말을 듣고 의아했다. 다들 다섯 명이나 만날 친구가 있어? 거짓말…… 그런데 모두가 여럿이서 함께 여행을 가고, 파티를 하고, 전시를 보고, 영화를 보고, 밥을 먹고, 인생네컷을 찍고, 이 모든 것을 사진으로 남겨 SNS에 게시하고 있다. 그리고 혼자 밥 먹고 만화 보다가 낮잠 자고 일어나 다시 저녁을 먹고 만화를 읽다가 잘 준비를 하는 내가 그것을 보고 있다.

다들 어디서 어떻게 그렇게 친구를 사귀어서 놀고들 자빠진 걸까.

  친구를 만드는 일은 내게 늘 숙제 같은 일이었다. 초등학교 3학년 때까지는 친구가 없었다. 친구를 사귀어야 한다는 걸 몰라서 그냥 혼자 등하교하고 혼자 밥 먹고, 혼자 소풍을 가고 혼자 수련회를 갔다(당연히 버스 옆좌석엔 담임선생님이 앉아 계셨다). 그러다가 4학년 때 한 친구에게 간택을 받으면서 사람이 공동체 생활을 하려면 친구가 있는 편이 훨씬 편하고 즐거우며, 남들이 봤을 때 '이상하지 않다'라는 것을 알게 되었다. 그 친구는 팬시한 그림체가 돋보이는 『슈퍼갤즈』에 나올 것같이 엄청나게 예쁘고 옷을 잘 입는 친구였는데 그런 애가 왜 나에게 다가왔는지 아직까지 알 수 없는 일이다.

  친구를 사귀어야 한다는 걸 알게 된 후로 학창 시절 내내 학기 초가 다가올 때마다 늘 부담스러운 마음뿐이었다(하물며 나는 반 배정 운도 없어서 그나마 아는 아이나 기껏 친해져놓은 친구와 매년 뿔뿔이 흩어지는 일이 부지기수였다). 누군가를 알아가고 가까워지고 마침내 친해졌을 때는 그 친구가 좋은 것도 물론 있있지만 숙제를 해냈다는 해방감과 더불어 '이제 됐다(더 노력 안 해도 된다!)'라는 안도감이 컸던 것 같다. 그렇게 겨우겨우 친구 한 명을 사귀고 나면 그 친구하고만 놀았다. 학교 안에선 그 친구가 소개시켜준 친구들과 어울려도 결국 처음 친해진 친구랑만 문자를 하고, 학교 밖에서 만나곤 했다.

그러다가 대학에 왔을 때는 너무너무 행복했다. 교실이 없었다. 누군가와 같이 수업을 듣지 않아도, 밥을 먹지 않아도, 답사를 가지 않아도 됐다. 친구를 안 사귀어도 아무 문제 없는 이 자유! 해방 인문! 자주 국문! 그렇게 나는 대학교 1학년 개강 첫날, 공강 시간 내내 교내 카페에서 노트북으로 〈진격의 거인〉 1화를 세 번 정도 돌려 보며 걷잡을 수 없이 고립되어갔다…… (대학교에선 과대표라든지 아무튼 최소한의 인맥은 있어야 한다. 까딱하면 졸업을 못 할 수도 있다.)

대체 내게 친구란 어떤 존재인가? 나는 어떤 사람을 친구라 부르는지 고찰해보았다. 첫째, 함께한 시간이 어느 정도 있어야 한다. 한두 달로는 턱도 없고, 적어도 일 년, 이 년은 함께해야 친구가 될 수 있다. 둘째, 사적인 연락과 만남을 갖는다. 학교에서 사귄 친구라면 하교 후 혹은 주말에 학교가 아닌 곳에서 만나 놀 수 있어야 하고, 회사에서 만난 동료라면 마찬가지로 업무 외적인 이야기로도 연락을 나누며 회사 밖에서도 만나는 데 어색함이 없어야 한다. 셋째, 서로 욕을 할 수 있다. 공동의 적을 욕할 때, 무언가를 향한 빡침을 토로할 수 있을 때 가까워졌다고 느낀다. 이건 내가 인격적으로 결함이 있어서 그렇다. 하지만 '나 지금 좆된 것 같음 ㅇㅇ'이라는 말 정도는 기탄없이 나눌 수 있어야 허물없는 관계라 할 수 있지 않을까. 넷째, 자주 만난다. 나도 친구가 없는 건 아닌데 그들과 서너 달에 한 번 만나는 것이 고작이고, 그러다보니 만나면 그간 어찌 살았는지 근황만 털어놓기 바쁘다. 내가 친구와 나누고 싶은 이야기는 무의미한 연명 치료와 고령화에 당면한 우리 사회에서의 안락사 문제와 같은 것이다. 그리고 친구가 특수한 상황이나 조건에 따라서 안락사를 긍정하는 입장이라면 자연스럽게 지크의 안락사 계획(『진격의 거인』)에 대해 물어보는 것이다.

  마지막으로 이건 나의 이기적인 바람이지만 내 친구에게 친구가 너무 많지 않았으면 좋겠다. 그야 나도 친구가 많이 없으니까…… 하지만 애석하게도 나를 친하게 여겨주는 이들은 하나같이 많은 친구를 가졌다. 그럴 수밖에 없다. 차후 정계 진출을 해도 손색없을 만큼 두터운 인망을 갖춘 훌륭한 사람만이 나 같은 녀석도 친구로 거둬주기 때문이다.

그러니 나는 '유가미군은 친구가 없다'라는 제목의 만화에 끌릴 수밖에 없었다. 유가미군, 안녕? 반갑다. 나도 친구가 없어. 삼십 퍼센트 세트 할인도 하지 않는데 전 16권을 한번에 지른 후 읽기 시작했다. 1권에서 유가미군은 말한다. '난 친구 같은 걸 필요로 하지 않는 인간'이라고. 자전거 주차를 도와줘서 고맙고 앞으로도 잘 부탁하며, 혹시 너도 곤란한 일이 있으면 언제든 말하라는 치히로에게 그는 이렇게 일갈한다. '나는 곤란한 일도 없을 거고 잘 부탁받고 싶지도 않으며 너한테 딱히 원하는 것도 없다'. 바로 이거야. 애석히도 전자책으로만 출간되었으나 종이책으로 읽었다면 형광펜으로 밑줄을 그었을 대사들이다. 유가미군의 독립적인 사고방식에 공감하며 읽어갔다. 하지만 회를 거듭할수록 이 녀석에게 속았음을 알게 됐다. 유가미군 주변엔 너무나 많은 이들이 있었다.

  엄밀히 말하면 유가미군에게 친구가 없긴 하다. 유가미군은 누구도 친구로 여기지 않기 때문이다(그런 점에서 이 만화는 관계의 상호성을 정말 진지하게 고찰한 만화라고 생각한다). 그래도 유가미군에겐 많은 사람들이 있다. 중학교 때 야구를 통해 알게 된 하야시야마, 투수인 유가미를 보필하는 포수

카도타, 야구부 매니저 쿠즈미, 전학 온 후 유가미군의 옆자리에 앉게 된 치히로, 유가미군을 좋아하는 리오, 유가미군을 혐오하는 카오리 등. 저딴 사고방식으로 사는데(배신감으로 인해 그의 '독립적인' 사고방식은 한 문단 만에 '저딴' 사고방식이 되었다) 어떻게 이렇게 주변에 사람이 많은 걸까.

 유가미군은 오래된 후배이자, 투수인 자신에게 맞추어 포지션을 변경해 포수를 맡고 있는 카도타에게 매일같이 카레빵 심부름을 시킨다. 카도타는 그런 선배가 싫고 귀찮으면서도 투덜거리며 늘 빵을 사러 간다. 그렇다, 유가미군은 실력 있는 투수이자 하늘 같은 선배라는 자신의 지위를 이용하여 후배에게 빵셔틀을 시키고 있는 것이다(개인적인 배신감으로 인해 유가미군을 원래보다 나쁘게 말하고 있다). 카도타가 결석한 어느 날 다른 후배인 야구부 매니저가 대신 빵을 사 오면 될지 유가미군에게 묻는다. 하지만 유가미군은 괜찮다고 답한다. '됐어. 내가 너한테 부탁하면 거절할 수 없잖아.' '카도타는 다른가요?' '그 녀석은 거절할 수 있으면서 안 하거든. 카레빵을 사는 건 그 녀석의 의지야!'

 유가미군은 자신의 부탁을 거절할 수 없는 위치의 상대에겐 무리한 부탁을 하지 않는다. 오직 자신의 부탁을 거절할 수 있는 상대에게만 부탁을 한다.
이 차이를 아는 유가미군의 마음씀씀이가 너무나
섬세하다고 생각했다. 오랜 시간 유가미군과 함께한
카도타는 얼마든지 선배에게 반항할 수 있고 부탁을
거부할 수도 있는 사이지만, 그렇기에 유가미군을
기꺼이 챙기는 녀석이다. 나니까 유가미 선배를 챙겨줄
수 있다는 생각으로 기꺼이 선심을 쓰고, 살뜰히 나서고
싶어하는 녀석. 깐깐한 선배에게 인정받고 싶다는
이중적인 마음으로 가장 가까운 위치에서 선배를 챙기고
싶어하는 그런 녀석. 아무에게도 부탁하지 않고 원하는
것이 없다고 말하는 유가미는 이후 그런 카도타에게만
절대 거부할 수 없는 특별한 부탁을 한다.

 『유가미군은 친구가 없다』에서 내가 가장 좋아하는
장면은 치히로가 유가미군에게 가상의 편지를 쓰는
장면이다. '유가미에게. 유가미, 넌 항상 힘들어 보여.
처음 만났을 때부터 쭉 그랬어.' 유가미군은 첫 만남에서
치히로가 자전거를 주차할 자리를 찾지 못하자 자전거 몇
대를 옆으로 치워주며 주차 공간을 마련해준다. 그리고
부당한 이유로 주차 자리를 차지하고 있었던 선배들에게
대든다. 만화 속 인물들은 유가미군을 벽창호라고
부르는데 정말 그렇다.

유가미군은 자기가 옳다고 생각하는 것에 있어선 고집이 세고, 자기가 좋아하는 것 말고는 둔하며, 도무지 말이 안 통하는 인간이다. 옳지 않은 일로 선배에게 대들고, 야구부 주장을 시켜놨더니 살인적인 훈련 스케줄로 신입 부원들을 모두 내쫓는다. 곧이곧대로 힘들게 사는데, 본인은 뭐가 힘든지 모르겠다는 얼굴이다. 눈 하나 깜짝 안 하고 선배에게 대들고, 살인적인 훈련 스케줄을 모두 소화한다. 어떻게 그럴까? 어떤 사람은 힘들어도 힘든지 모르는데, 왜 전혀 다른 누군가 그걸 알 수 있는 걸까? 그것은 유가미군이 사랑받을 만한 사람이고, 치히로를 포함한 유가미군 주변의 많은 사람들이 그를 애정 하고 있기 때문이다. 친구라는 이름이 아니어도 그의 곁에 머무는 많은 사람들이.

　유가미군은 친구가 없다. 유가미군에게 친구는 필요 없다. 꼭 친구로 여기지 않아도 좋을 다양한 사람들과 관계가 그의 곁에 있다. 그리고 나도 친구가 없다. 하지만 나는 친구가 필요하고 꼭 친해지고 싶은 사람들도 있다. 이것이 만화와 현실의 차이다. 유가미군에게 닿고 싶지만 난 그럴 수 없다……

　부끄럽지만 이 글을 쓰면서 소설가 함윤이씨가 많이

떠올랐다. 같은 건물에서 직장 생활을 하며 알게 된 그는 언젠가 내게 만화 『골든 카무이』를 재밌게 보았다고 말한 이유 하나로 나의 일방적인 호감을 받아야만 했고, 어느덧 우리는 제법 가까운 사이가 되었다(고 생각한다. 윤이씨도 그렇게 생각할 것이다. 제발 그래 줘요……). 그런 그는 문학동네 만화 편집부의 뉴스레터 〈만화다반사〉 2023년 9월호에 '동료여, 동료란 있구나!'라는 제목으로 오타쿠 친구(나)와의 동료애에 대한 짧은 글을 썼다. 당시에는 마감하고 뉴스레터 보내기 바빠서 그냥 고마운 마음뿐이었는데 윤이씨가 나와의 첫 만남, 반나절 내내 종로 거리를 걸었던 날, 만화 이야기를 하기엔 턱없이 짧은 점심시간들을 다시 기억하며 그 글을 썼을 것을 생각하니 내가 윤이씨에게 생각보다 더 큰 것을, 과분한 것을 받았구나 싶었다. 나한테 앞으로 진정한 친구가 생길 수 있을까, 하는 생각을 많이 했는데 윤이씨라면 친구가 될 수 있을 것 같다. 나는 윤이씨의 친구가 되고 싶다.

윤이씨와 나의 메신저 창은 월요일이 가장 바쁘다. 주말 동안 서로에게 있었던 일, 주말에 본 만화나 같이 기다려온 감독의 신작 영화에 대한 이야기를 나누다보면 시간은 금방 점심시간이고, 우리는 자세한 이야기는 만나서 하자며 점심을 먹기 위해 만난다. 한번은 『하이큐』『주술회전』을 두고 명대사와 명장면은 어떻게 만들어지며 만화라는 장르에서 무엇이 더 중요한지를 이야기하다가 흥분한 나머지 합의점을 찾지 못한 연인처럼 '이 이야기 그만하자'라고 말한 적도 있다. 아무튼 우리는 이런 이야기를 하고 또 하며, 질리지도 않고 한다.

 퇴근 버스에서도 윤이씨를 찾는다. 이루 말로 다 할 수 없이 힘든 하루(안 그런 날이 없다는 게 슬프다)를 웃음으로 승화하는 웃긴 짤을 에어드롭으로 교환한다. 주로 후쿠모토 노부유키의『도박묵시록 카이지』의 짤이나『주술회전』의 나나미 짤 따위를 보낸다. 퇴근 직전까지 메신저로 대화를 나눴음에도 할 이야기가 더 있는 날은 윤이씨 옆자리에 앉아서 대화를 이어간다. 조용한 퇴근 버스에서 소곤소곤 대화를 나누다보면 어느덧 서울에 도착해 있다.

 윤이씨에겐 친구가 아주 많다. 윤이씨의 인스타그램에는 매주 여러 친구들을 태그한(@아무개, @아무개 2, @아무개 3+전시장 사진, 식사 사진, 그냥 친구들과 찍은 사진) 스토리가 여러 개 올라온다. 앞에서 친구의 조건을 이야기할 때 내 친구에게 친구가 없었으면 좋겠다고 했는데, 나는 어쩔 수 없이 윤이씨의 폭넓은 인간관계 속의 한 사람일 것이다. 당연하다. 윤이씨같이 좋은 사람에게 친구가 적을 리가 없다. 나도 지금 윤이씨랑 친구가 되고 싶다고 말하고 있지 않나.

   그렇지만 나는 그런 윤이씨가 좋다. 친구가 많은 윤이씨, 사람들에게 친절한 윤이씨가 좋고 그런 윤이씨의 친구가 되고 싶다. 윤이씨와 내가 앞으로도 이렇게 시간을 보내고, 시시콜콜한 이야기부터 죽이고 싶은 사람에 대한 이야기까지 나누면 친구가 될 수 있을까? 아직은 윤이씨를 '친구'라고 부르는 것이 조금은 어색하고 요원한 일 같다. 그래도 언젠가 윤이씨와 친구가 되고 싶고, 윤이씨와 친구가 되어가고 있다고 느낀다. 그때까지 나는 친구가 없지만 윤이씨가 있다.

2차 창작의 아름다움

오타쿠와 오타쿠가 아닌 사람. 그 바로미터는 무엇일까.
1999년 타카하시 루미코의 『란마1/2』을 보고
란마(남)×아카네, 란마(남)×샴푸, 란마(여)×료가 등
각종 경우의 수를 상상하다가 잠 못 이루었던 그날부터
만화 편집자로 일하고 있는 오늘 입때까지 나는 스스로가
오타쿠인지 아닌지 의심을 하고 있다. 물론 늘 그랬다는
건 아니다. 스스로가 틀림없는 오타쿠라 생각한 시절도
있었다. 초등학교 때부터 중학교 3학년 때까지. 그
당시에 '나는 정말 오타쿠야'라고 의식한 건 아니고
지금 와 돌이켜보니 진짜 그때만큼은 추호의 의심 없는,
두말할 것도 없는 오타쿠였구나, 그렇게 느낀다는
것이다.

  그치만 지금은 영 모르겠다. 어떤 날은 난 정말 답이

없는 오타쿠구나 하다가도 어떤 날은 오타쿠로서 나의 애매함에 신물이 난다. 이 사이를 왔다갔다하면서 정체성의 혼란을 느끼고 있다. 때로는 '오타쿠'란 단어를 '찐따'라는 단어랑 헷갈리고 있는 것 같기도 하다. 정말 중요한 걸로 정체성의 혼란을 느끼는 분들도 계신데 이딴 걸로 혼란스러워한다는 게 무척 죄송하다.

  그렇다면 왜 그때는 오타쿠라고 의심하지 않았으면서 지금은 확신하지 못할까? 때는 2004년 늦은 봄. 나는 처음으로 서울 코믹월드(이하 서코)에 가고 있었다. 코믹월드는 1999년을 시작으로 지금도 열리고 있는 서브컬처 동인 아마추어 행사로 서울과 부산에서 격월 혹은 매달 열리고 있다. 창작자들이 자신의 작품 혹은 원작의 2차 창작물을 판매하는 게 행사의 주요 이벤트다. 성우 초청, 코스프레 무대 등의 이벤트도 있다. 그때는 신분당선이 없어서 양재역에서 내려 AT센터까지 걸어갔는데, 도보 약 삼십 분의 이 길을 내가 그뒤 몇 년을, 몇 번이나 더 오게 될지 몰랐다. 오늘 입때까지 그 길을 걷고 있으니 말이다. 그날 서코 행사장에 입장하자마자 동행인은 내게 『강철의 연금술사』의 캐릭터가 그려진 가방을 하나 사주었다. 그리고 몇 시간 뒤에 어디서 보자는 말만 남기고 나를 떠났다.

마치 물가에 데려다주었으니 이제 물을 마시는 것은 네
몫이라는 듯. 그때 나는 초등학생이라 휴대폰도 없었다.

  그렇게 홀로 행사장을 돌며 『테니스의 왕자』 『최유기』
『디지캐럿』 『강철의 연금술사』(참고로, '강철의
연금술사'를 '하가렌'이라 부르는 사람과 '강연금'이라
부르는 사람으로 오타쿠 세대 식별을 할 수 있다) 등의
굿즈를 샀다. 그때 산 『아즈망가 대왕』 치요 아빠 모자는
아직도 최상의 상태를 유지하며 오타쿠 판도라의
상자 속에 모셔져 있다. 당연하다. 그걸 어디에 쓰고
돌아다니냔 말이다. 그 기묘한 눈깔의 모자를? 그날
나는 세상에 만화가가 직업이 아니지만(혹은 아직
만화가가 아니지만) 그림을 잘 그리는 사람이 이렇게
많다는 걸, 그리고 그 사람들이 자기가 좋아하는 만화를
그려서 판다는 걸 처음 알았다. 이런 세상이 있었다니.
아니, 이런 사람들이 있었다니. 당신들은 뭐하는
사람들인가요? 정말…… 정말 감사해요.

  처음만 어렵다는 말처럼 그뒤 나는 혼자서 일 년에 몇
번씩 서코에 가기 시작했다. 그때는 트위터가 아니라
네이버 카페에서 주로 덕질을 했는데(그랬던 시절이
있었다) 거기서 활동하는 사람들을 만나며 오타쿠
친구와의 교류도 처음 해봤다. 그전까지는 만화를 읽고

너무 좋으면 혼자 베개에 얼굴을 묻고 소리를 지르는 게 다였다. 특히 『가정교사 히트맨 리본!』이라는 만화를 좋아할 때 가장 활발하게 활동했다. 그 인기가 얼마나 대단했는지 그 시기의 서코는 『가정교사 히트맨 리본!』 온리전이라고 불러도 될 만큼 모든 부스가 그 만화 관련 2차 창작물을 판매했다. 그때 산 회지들은 이제 거의 집에 없다. 어느 날 갑자기 싹 다 갖다 버렸다. 어느 날 갑자기. 싹 다. 지나간 사랑의 흔적과 과거의 유물(흑역사라는 뜻이다)을 청산하고 싶었다. 내가 『가정교사 히트맨 리본!』을 좋아했고 그것을 덕질했단 사실이 남지 않았으면, 할 수 있다면 그 사실이 이 지구상에서 사라졌으면 싶었다. (왜 그런지 설명하려면 너무나 깊고 긴 이야기를 해야 한다. 무엇보다 이야기하고 싶지 않다. 더이상의 자세한 것은 생략한다.) 아직 몇 권만은 여전히 갖고 있다. 차마 못 버린 것도 있다는 점에서는 내가 오타쿠긴 하구나 싶다.

    그런 식으로 『가정교사 히트맨 리본!』을 통해 알게 된 아마추어 작가들이 프로로 데뷔하는 것도 보았다. 『지저귀는 새는 날지 않는다』로 유명한 요네다 코우 같은 경우다. 야마모토란 캐릭터는 『가정교사 히트맨 리본!』에서 가장 성격이 좋고 단순한 쾌남이라 크게 관심이 없었는데, 요네다 코우는 작중에서 유일하게 자살 시도를 한 적이 있는 야마모토의 우울함을 기가 막히게 포착해 그를 새로이 해석해냈다. 이렇듯 원작을 보는 동안은 크게 매력을 못 느꼈다가 2차 창작자의 해석과 표현 덕분에 작중에서의 매력과 존재감을 재발견하게 되는 캐릭터도 많다. 요네다 코우는 '허허실실(^^)×앙탈 츤데레(-_-;^)'의 조합을 내게 알려준 은인이다.

 그후로는 '온리전'이라는 동인 행사에 가기 시작했다. 코믹월드가 서브컬처 전반을 아우르는 통합 행사라면 온리전은 특정 만화를 좋아하는 사람들만 참여하는 행사다. 지금은 서코보다도 이러한 형태의 온리전이나 '디페스타'라고 불리는, 보다 여성향 장르 위주인 동인 행사를 많이 가는 듯하다. 그리고 2016년 『모브 사이코 100』의 온리전 '영등등 사무소 한국지부 사업설명회'에 가는 것을 끝으로, 나는 나의 오타쿠 정체성에 혼란을 느끼기 시작했다. 그 시기의 나는 이제 사회에 나가 밥벌이할 준비를 해야 했다. 어엿하게 밥벌이도 못하고 빌빌거리는 은둔 청년이 될까봐 불안함에 미쳐버릴 것 같은 날들이었다. (졸업을 앞둔 내가 가장 열심히 하고 있었던 건 만화 및 소설 감상, 애니와 영화 시청,

트위터뿐이었다.)

　나에게 오타쿠를 구분하는 시금석은 '2차 창작을 하느냐'인 듯하다. 꼭 2차 창작물을 직접 만들지 않더라도, 그것을 감상하고 때로는 참여하는 것까지 2차 창작에 속한다고 볼 수 있다. 서브컬처 동인 행사에 소비자로서 가는 것도 이에 포함된다. 이를테면 요즘은 만화 캐릭터의 생일 카페 이벤트도 많이 열리는데 이 이벤트를 주최하는 사람도, 카페에 가는 사람도 모두 2차 창작을 하는 것이다. 원작 감상 이상의 모든 활동은 작품에 대한 주체적인 관심과 활발한 애정이 있어야 가능한 일이다. 그럴 만한 것이 2차 창작이란 것 자체가 감상자가 원작을 충분히 소화한 후 자신만의 해석을 담아 표현하는 활동이기 때문이다.

　얼마 전 트위터에서 웹툰 〈가비지타임〉의 일러스트를 보았는데, 여섯 면 전체에 '6'이라고 적혀 있는 주사위 위에 조재석이 서 있는 그림이었다. 조재석이 누구인가? 어떤 날의 그는 후반전에만 17점을 득점하는데, 그런 그의 손에 공이 붙어 있던 시간은 십오 초에 불과했다. 하지만 어느 날의 그는 4쿼터까지 다섯 번 연속 3점 슛이 빗나가 단 한 번도 슛을 성공하지 못한다. 그래도 또 슛을 쏘고 기어코 팀의 주역이 되는 사람이다. 왜냐면 그는 매일 천팔십 번의 슛을 던져왔으니까. 매일 천팔십 번을 던져 넣었는데 고작 다섯 번 못 넣은 것이 대수인가? 천팔십 번에 비하면 다섯 번은 너무 작은 숫자이며 확률이다. 그런 그의 피나는 노력을 어떻게 던져도 주사위의 최고점 6이 나오는 주사위로 표현한 것이다. 이 일러스트를 보고 내가 조재석이라는 캐릭터를 좋아하는 이유에 대해 새삼스럽게 깨달았다. 나는 매일매일 천팔십 개의 슛을 던지는 조재석이 좋다. 잘하기 위해서는 그만한 노력은 불가결하다고 생각하는 사람, 잠깐의 실수보다는 매일 연습한 자신을 더 믿을 수 있는, 그 경지를 아는 조재석이 좋다. (이런 눈물겹게 아름다운 일러스트를 그린 트위터 닉네임 '와사비농구'님께 감사합니다……)

잠깐 다시 시점을 이동해본다. 2023년 어느 날. 누군가는 봄, 누군가는 여름이라고 부를 어떤 날. 소설가 이희주 작가님과 합정에서 만났다. 소설 『환상통』 『사랑의 세계』 『성소년』 등을 쓴 희주 작가님은 오타쿠의 사랑에 숭고미를 더하는 천재 소설가다. 그런 천재 소설가랑 일개 만화 편집자가 어떻게 만나 인연이 되었냐고 묻는다면(자세한 건 생략한다) 순전히 만화를 좋아해서다. 만화 좋아하는 사람이랑 다 친해질 수

있는 건 아니다. 하지만 어떤 만화를 좋아하는 사람이
『슬램덩크』의 해남고등학교를 좋아할 확률, 금세기
최고 액션 히어로 애니메이션 영화 〈프로메어〉(2019)를
좋아할 확률, 그리고 내가 감명 깊게 읽은 소설들을
썼을 확률을 생각해보면 로또 당첨 확률이 우스울
지경이다(만일 로또에 당첨되었어도 희주 작가님께
매주 거액을 제시하고 『슬램덩크』와 〈프로메어〉 연성을
의뢰했을 거다).

 그날 우리는 밥을 먹으며 간단하고 빠르게 안부를
나누고(어차피 맨날 SNS로 서로의 일거수일투족을
보고 있다) 카페에 가 희주 작가님이 가져온 〈프로메어〉
동인지를 감상하는 시간을 가졌다. 트위터 닉네임
'가장'님의 『너의 원수를 사랑하라』와 『집으로 가는
길』이었다. 각각 120쪽과 64쪽의 회지를 묵독하고 막힌
말문을 간신히 열어 나눈 대화는 아래와 같다.

"정말⋯⋯ 아름답습니다."
"아름답죠."
"네. 일단 크레이와 리오가 같은 버니시*로서 자신의
상흔 혹은 죄를 받아들이는 방식이
다른데, 그들의 인생을 비추어

▪ 〈프로메어〉 속에서
돌연변이로 탄생한 불꽃을
다루는 신인류.

인간이 상처를 받아들이는 방식을 생각해보게 되는 게 무척 아름답고요."

"그게 아름답죠."

"누군가 영화가 끝나고 난 후 주인공들에 대해 120쪽, 64쪽, 도합 200쪽에 가까운 이야기를 그렸고, 제가 지금 이 순간 그것을 읽을 수 있다는 게 가장 아름다워요."

"그것이 아름답죠."

실제로는 이렇게 정리된 언어도 아니었고 거의 나 혼자 떠드는 수준이었다. 우리는 그저 아름답다는 말만을 반복했다.

아름답다. 2차 창작이라는 행위는 정말로 아름답다. 일단 원작을 보고 별의별 생각을 다 하는 것이 아름답다. 이 세상은 점점 개인으로 하여금 깊은 생각과 사유를 하지 못하게 만들고 있는데 한 만화를 보고 그토록 깊은 생각에 빠진다는 것 자체가 세상과 쓸모에 대한 저항, 관성 속 역행이다. 그 캐릭터가 왜 그런 선택을 했을까? 그런 선택을 하지 않았다면 어떻게 됐을까? 혹은 그 캐릭터가 다른 세계에 태어났다면 어떻게 살았을까? 좋아하는 건 무엇이고 형제 관계는 어떻게 될까? 부모님을 뭐라고 부를까…… 나의 경우에는 최애가 생기면 최애가 샌드위치 전문점 '써브웨이'에서 주문하는 상상을 해본다.

이를테면 서태웅이 '써브웨이'에 가서 에그마요 꿀 조합을 주문한다고 생각해보자. 근사한 식당에서 '늘 먹던 걸로'라며 주문을 할 것같이 생긴 그지만, 정확한 샌드위치를 위해 A부터 Z까지 묻는 알바생에게 그런 주문은 통하지 않는다. 플랫브레드에 베이컨 추가, 랜치와 스위트 칠리 소스를 뿌려달라고 말하는 서태웅. 서태웅 입에서 '에그마요' 같은 단어가 나오다니⋯⋯ 샌드위치 다 먹고 나선 '사랑에 빠진 딸기'나 '베리베리 스트로베리' 같은 메뉴를 발음시켜보고 싶다.

가끔 나는 공수(로맨스 관계에서의 역할을 공격과 수비라는 적절치 못한 비유로 표현하면 안 된다는 걸 알면서도 유구하게 쓰인 용어가 튀어나와버린 점을 이해해주시길 바라며)가 애매하다 싶은 2차 창작 커플이 있다면 김형중의 〈그녀가 웃잖아⋯〉를 부르는 두 사람을 생각해본다. 널 위해 할 수 있는 게 참 없다, 네게 사랑을 받는 일도 주는 일도 할 수 없다, 그것이 나를 얼마나 미치게 하는지 모르겠다. 이 미친 노래를 부르는 게 더 어울리는 쪽이 공이다. 목숨을 건 모험, 적과의 대결, 혹은 일생일대의 승부(이를테면 일본 고교 야구 전국대회 고시엔 진출 같은 것) 속에서도 수를 향한 사랑을 하려면 저 정도의 순애보는 각오가 되어 있어야 한다.

  이처럼 존재하지 않는 인간상을 특정 상황에 두고 상상하기. 정말이지 하등 헛된 일이다. 백날 천 날을 해도 돈 한푼 나오지 않는다. 하지만 나는 '○○가 밥 먹여주냐?'라는 말을 정말 싫어한다. ○○는 내게 밥을 제외한 모든 것을 다 주는데 밥이 무슨 대수란 말인가? 오타쿠들이 이런 생각을 하는 동안 원작 속 주인공들은 동료와 힘을 모아 적을 물리치거나 복수를 하거나 아니면 농구나 야구 같은 구기 종목에 열을 올리고 있다. 하지만 바로 그래서 이런 생각을 하게 되는 것이다. 원작에선 사명감과 호승심으로 똘똘 뭉쳐 앞만 보며 열심히 달리는 캐릭터들이 힘 좀 빼고, 그 나이대 청소년으로 사는 모습을 상상하면 정말 즐겁다. (왜 스포츠 만화에서 일상 편이 그토록 달달하겠는가.) (그런 의미에서 재석아 실존하면 전화 좀 다오. 밥 한번 사고 싶다.)

  무언가가 너무 좋다는 이유만으로 수만 자의 글을 쓰고 100페이지가 넘는 만화를 그리고 카페를 연다는 게 내게는 정말 아름다운 일처럼 느껴진다. 보통 우리는 대가 없는 사랑을 보면 아름답다고 생각한다. 물론 2차 창작의 대가가 없지는 않다. 요즘은 오픈마켓 연재 플랫폼인 포스타입에 2차 창작물이 올라오면서 2차 창작자들에게 소액이라도 대가가 돌아가고 있다. 아예 요즘은 팬픽을 '포타(포스타입의 준말)'라고 부를 정도로, 포스타입을 통해 2차 창작물을 올리는 것이 다반사가 되었다. 적지 않은 돈을 버는 2차 창작자들도 처음부터 돈벌이를 상정해서 2차 창작을 하는 경우는 드물고, 대부분은 큰돈을 벌지 못한다. 이렇듯 2차 창작이 대가 없는 사랑은 아닐지언정 대가를 바라지 않는 사랑이라는 점에서 아름답다.

 아니다. 순전히 대가를 바라더라도 상관없다. 2차 창작물을 보면 알 수 있다. 이러한 창작 활동은 작품과 캐릭터를 좋아하지 않으면 할 수 없는 거라고. 좋아하지 않는 사람은 절대 이런 생각 안 하고 못한다고. 돈을 벌기 위해서만은 도저히 이런 걸 그릴 수 없다고. 무언가가 너무 좋다는 이유만으로 깊은 생각에 빠지다가, 참지 못하고 그것을 직접 구현하기 위해 하고 및 퇴근 후 100페이지짜리 만화를 그리는 일이 아름답지 않으면 뭐가 아름다운 거지? 난 모르겠다. 이게 아름답지 않다면 세상에 아름다운 건 없다.

 그리고 무엇보다 아름다운 점은 이러한 2차 창작의

시발점인 '깊은 생각'이 결국은 어떤 작품과 캐릭터의 좋은 점을 계속 발견하려는 행위라는 것이다. 오타쿠들은 어떤 캐릭터를 한없이 이해하려고 하고, 끊임없이 파고들려 한다. 때로는 없는 좋은 점을 만들어내기까지 하면서. (원작자가 아니라 해도 작가보다 원작을 오십 배쯤 더 많이 보고 생각했기 때문에 나의 해석이 옳다, 라는 생각으로 밀고 나가는 것이다. 얼마나 아름다우면 2차 창작을 기반으로 3차 창작까지 만들어지겠는가.) 『은혼』에서 오키타가 지나칠 정도로 사람 좋은 곤도 국장에게 '국장은 늘 타인의 좋은 점만 보려고 해서 문제'라고 나무라는 장면이 있는데, 별로 중요한 대사도 아니고 지나가는 장면이었지만 저 대사가 잊히지 않는다. 그런 시선과 마음을 가지는 건 쉬운 일이 아니다. 어떤 소설의 대사를 바꿔 이야기해보자면 이렇다.

　오타쿠의 마음엔 대체 무슨 힘이 있어서 결국엔 자꾸자꾸 좋아하려는 마음으로 뻗어가?▌

▌ 백수린 장편소설 『눈부신 안부』(문학동네, 2023) 속 문장을 변용.

패션 오타쿠도 오타쿠다

패션 오타쿠 연합 친목 동아리를 같이할 동료를
모집합니다!

유명한 애니(〈슬램덩크〉〈하이큐〉〈주술회전〉
〈귀멸의 칼날〉〈원피스〉〈짱구〉〈코난〉 등)를
가볍게 좋아하지만 애니 이야기를 하고 오타쿠인
척하고 싶은 모임입니다. 오타쿠인 척하고 싶다!
만화나 애니메이션에 입문하고 싶다! 만화,
애니메이션을 한 개라도 봤다! 같이 인스타그램용
사진을 찍어주고 감성 카페를 찾아다녀보아요.
활동 내용: 애니메이션, 영화 보기/감성 카페, 맛집
투어하기/한강, MT 가서 술 먹기/인스타 사진, 릴스
여행

이런 게 있다고 한다.

그렇군.

이런 게 있군…………

아무렇지 않은 척하기에는 '……'가 너무 많다. 이 책에서 가장 많이 썼다. 오타쿠인 척을 하고 싶어하는 이들과 그 모임이 있다는 것을 보니 약간 아연실색해서. 오타쿠라뇨. 그런 것이…… 되고 싶겠습니까?(문학 속 인물이라뇨. 그런 것이…… 되고 싶겠습니까?—문학 속 인물이 될 수 있다면 누가 되고 싶냐는 질문에 대한 황정은 작가의 대답처럼.) 일단 대대적인 모임과 집단을 이루고 싶어한다는 점에서 이들은 가짜다. 오타쿠에게 동아리란 일본 학원물 만화에 나오는, 청춘을 바쳐 다 함께 뭔가를 이룩하는 집단이다. 실제 오타쿠는 귀가부다. 그렇게 집에 귀가해서 동아리가 나오는 학원물 만화를 보는 것이다. 각설하고, 패션 오타쿠란 어떤 존재일까? 대략적으로는 알겠으나 이 글을 쓰기 위해선 패션 오타쿠가 무엇인지 정의해야 하니 SNS(트위터다)에 '패션 오타쿠'를 검색해보았다.

패션 오타쿠 짜증난다

오타쿠나 패션 오타쿠나

> 요즘은 패션 오타쿠가 유행인 듯
> 패션 오타쿠들이나 ○○ 좋아하지 ㄹㅇ 씹덕들은 ××
> 좋아함
> □□, 이 만화 완전 패션 오타쿠들이 좋아할 법한
> 힙스터 만화네요

영양가 있는 무언가를 얻을 순 없었다. 아마도 이 글을 끝까지 읽는 사람들도 마찬가지일 것이다. 이 글은 가짜에 대한 글이다. (영양가 제로.)

그래도 나름 정의해보자면 패션 오타쿠란 오타쿠인 척하는 일반인, 오타쿠라는 정체성을 마치 겉꾸밈을 위한 액세서리처럼 휘두르는 오타쿠를 뜻하는 것 같다. 과몰입과 과금을 기반으로 하는 2차 창작, 캐해(캐릭터 해석), 동인 활동, 굿즈 구매 등 소위 '(씹)덕질'의 방식까지는 가지 않은 오타쿠들. 혹은 조금 다른 방향으로 범위를 넓히자면 비평, 분석과 같이 만화의 예술성이나 작품성, 연출에 주목하는 오타쿠도 포함할 수 있을 것 같다. 자기가 감상한 작품을 통해 만화적 소양을 과시한다는 점에서 말이다.

이렇게 말하니 두 가지 인물상이 스쳐지나가는데, 한 명은 마이멜로디와 쿠로미 등으로 유명한 산리오 캐릭터를 SNS(아마도 인스타그램) 프로필 사진으로 설정하고, 일본 버블 시대 애니메이션 혹은 시티팝 앨범 커버풍의 캐릭터 일러스트가 그려진 티셔츠를 입은 사진을 인스타 스토리에(역시나 트위터가 아니다) 올리는 사람이다. 다른 한 명은 알이 두꺼운 안경을 쓰고(나도 오래전 썼다) 항상 다급하고 무언가를 설명하는 말투로 뭔가를 중얼거리고 있다. 그리고 그 말투로 말끝마다 '죠죠'거리며 작품을 평가하고 때로는 폄하한다. 이를테면 이렇게.『체인소 맨』? 글쎄요, 후지모토 타츠키의 만화 중에선『파이어 펀치』가 최고죠. (박찬욱 감독의 복수 삼부작 중〈복수는 나의 것〉(2002)을 최고로 치는 시네필들이 겹쳐 보인다.) 어차피 이들의 눈에 차는 만화는 없다고 보면 된다. 마츠모토 타이요의 오래전 만화나 기시로 유키토의 『총몽』(오직 1부만), 이와아키 히토시의『기생수』 정도는 가능할지도.

   절대로 겹치지 않을 것 같은 만화를 두고 전혀 다른 소비 형식을 보이는 두 인물상이지만, 이러한 패션 오타쿠들은 진짜 오타쿠(구분을 위해 다르게 부르자면 '씹덕')의 속을 박박 긁는다. 오타쿠들은 자기가 뭘 좋아하는지, 뭘 보는지가 정체성이고 자부심이다. 어쩔 수 없다. 남들이 잘 모르는 걸 혼자서 혹은 소수(소수라고 믿는)끼리 오랜 시간 좋아하다보면 그렇게 된다. 자기도 오타쿠고 만화 좋아한다길래 신나서 냅다 방언을 터뜨렸는데 그냥 가방에 짱구와 치이카와 키링을 달고 다니는 정도로 일본 캐릭터를 좋아하는 사람이었어서 또 혼자 꼴불견처럼 떠들었구나 하며 후회하는 일을 다년간 겪으면 그렇게 된다. (적어도 상대가 『귀멸의 칼날』 정도만 좋아한다고 해줬어도 이 정도까진 아니었을 텐데……)

혹은 종종 아침 댓바람부터 양재 AT센터에 소상공인 독립출판 및 문구 행사 입장을 위해 줄을 서 있다보면 그렇게 되기도 한다. 보통 만화를 보고 나면 최애나 최애 커플이 생기지 않나. 누가 제일 좋은지, 왜 좋은지 이야기하고 싶지 않나. 최애가 '써브웨이' 가서 샌드위치 뭐 먹을지, 어떻게 주문할지 상상만 해도 즐겁지 않나. 하물며 처음 주문하는 최애라면? 진짜 심각하게 귀여울 것 같은데? 다들 그런 생각 하지 않나. 아니라 한다. 보통 사람들은 작품을 보고 누가 제일 좋았는지, 최애를 꼽지 않는다고 한다. (진심으로 신기하다.) 그리고 하물며 만화가 아무리 좋다고 해도 이런 이야기는 사회생활을 할 때 하지 않는 것이 맞다고 한다. (출판사의 만화 편집부에서 일하다보니 이런 경각심을 갖추지 못했다.)

  이러한 패션 오타쿠는 넷플릭스나 왓챠 같은 OTT 서비스가 대중화된 이후에 많이 늘어났다. 예전에는 공식적인 루트로 애니메이션을 보는 것이 어려웠고, 하물며 현지 방영 직후 네이버 블로그에 불법 자막과 함께 최신 에피소드가 올라오던 야만의 시대였다. 이제는 넷플릭스에서 거의 현지와 동시에 애니메이션이 서비스되고 있으며, 왓챠에서 추억의 애니메이션도 쉽게 볼 수 있게 되었다. 접근성이 좋아지니〈주술회전〉〈하이큐〉같은 인기 애니메이션이 추천 탭에 뜨면 '가볍게 틀어' 보는 사람들이 늘어나게 되었다. 애니메이션은 만화를 원작으로 하고, 애니로 인기를 끌 만큼 액션 장면과 동료 간 유대가 나오는 만화들은 초등학생 5학년부터 중학생 2학년을 타깃으로 하는 소년 만화가 대부분이니 누구에게나 익숙하고 쉬운 이야기일 것이다. (솔직히 이런 작품들은 대중적으로 성공할 수밖에 없다. 아무리 접근성 높은 OTT에서 서비스되어봤자 썹덕 애니는 썹덕들만 보는 애니로 남을 뿐이다.)

  때로는 답답하다. 아니 답답하다기보단 이해가 안 된다. 『체인소 맨』의 히메노가 아키에게 남긴 '홀가분한 복수를!'이라는 말의 의미를 생각하면 가슴이 천 갈래로 찢어진다. 복수를 할 수밖에 없다면, 마음이라도 가벼이 하라는 죽은 자의 말을. "드디어 왔다 싶어…… 내 차례가. 지금 최고로 폼 잡고 싶은 기분이다. 이대로 보내줘."『진격의 거인』에서 부하들을 살리기 위해 죽으러 가는 한지의 마지막 장면을 보고 나는 내가 십여 년간 봐온 한지가, 이 지경까지 와서도 농담을 하는 한지 조에가, 끝의 끝의 끝까지 내가 알고 사랑했던 한지 조에였음을 확인하고 가슴이 만 갈래로 찢어졌다. 이런 장면을 보면 한동안 인생에서 가장 중요한 것이 무엇인지, 우리 삶이 의미를 갖는다면 무엇이 그 의미를 만들어주는지를 생각함과 동시에 리바이 병장이 목숨을 걸고 구해준 세상에서 살 수 있음에 감사하게 된다.

  그러니 어떤 일반인이 가슴 멀쩡히(단 하나의 상흔도 남지 않음)(어떻게 그럴 수 있는 거임?) 만화를 보고 사방팔방에 고래고래 오타쿠인 척을 하는 것이, 누구보다 진심으로 작품을 보고 있는 본인들의 방식대로 향유하지 않는 것이 못마땅해지는 것이다(누구도 그렇게까지 과몰입하라고 한 적 없지만). 거, 갓반인이면 갓반인답게 K-드라마나 유튜브를 볼 것이지 왜 만화까지 보냔 말이다. 나만 알던 만화였는데. 아, 그거 아니라고.

우리 반 아니면 다 나가라고. 이 억하심정, 유명한
모 단편소설의 제목을 빌려 이야기하자면 '도둑맞은
오타쿠' 뭐 그런 거다. 근데 오타쿠가 뭐길래? 그게
도둑질을 할 만큼 대단한 건가? 훔쳐간 사람도,
훔쳐갔다고 뭐라 하는 사람도 좀. 물론 방금까지 제일
역정 내며 이런 글을 쓰고 있는 내가 제일 좀……

 한편 만화 편집자로서의 나는 어떻냐면, 그저 패션
오타쿠란 존재에 감개가 무량하다. 세상에. 척할
게 없어서 하다 하다 오타쿠인 척하는 세상이라니.
호시절이다. 애니메이션이나 만화를 본다는 이유로
약간의 경멸 어린 시선을 받아야 했던 학창 시절을
떠올리면 더욱 감개무량하다. 어떤 분야든 새로운
소비층을 유입시키기 위해서 머리를 싸매고 고민한다.
대체 무슨 쇼를 해야 만화를 보시겠어요? 늘 그것이
고민인데, 애니메이션이 잘되면 단행본 판매에 움직임이
보인다. 지금 가장 확실한 출판 만화 흥행 루트는
애니화의 수혜다. 일본에서도 원작 단행본 판매가
삼백 퍼센트 이상 뛴다고 하고, 한국 또한 마찬가지다.
그전에도 잘 팔렸는데, 그것과 비교할 수 없을 만큼
폭발적으로 반응이 온다.

 애니화 소식 들었어요. 제작사가 ○○○라는데 진짜

잘 뽑힐 듯요. 중쇄본 띠지에 실어야겠네요. 애니화 소식에 만화 편집자들끼리 축하의 말을 건네고, 후속 권을 묵묵히 내도 중쇄 한 번 찍지 못했던 책들이 동시에 중쇄에 들어간다. 신작 애니메이션이 인기를 끌어 한 권이 아니라 최신 권까지, 여러 권이 종합 베스트셀러에 동시에 줄지어 있는 것을 보면 희망이 생기는 것을 넘어 부푼다. 그래, 역시 사람들은 재밌으면 본다. 어떤 책이, 특히 만화는 베스트셀러에 진입하려면 보던 사람만 봐서는 턱없이 부족하다. 안 보던 사람들, 단 몇 명이라도 좋으니 새로운 독자층까지 연결이 되어야 가능하다. 그러기 위해선 과몰입 오타쿠만 오타쿠인가, 패션 오타쿠도 오타쿠다. 무엇보다 그렇게 만화를 보다보면 언젠가 패션 오타쿠였던 누군가도 진심으로 마음을 건드는 만화를 만날 수 있을지도 모르지 않나. 가슴을 천 갈래 만 갈래는 아니어도 두 갈래로 확 뽀개놓는 만화. 우리 다 이렇게까지 사랑할 건 아니었는데 사랑하고 살지 않나.

  사실 아직 패션 오타쿠를 뭐라고 딱 잘라 정의해야 할지 모르겠다. 하지만 이 글을 읽고 뭔가 부아가 치민다면 아마 패션 오타쿠일지도…… 정의할 순 없지만 진단은 할 수 있을지도……

참을 수 없이 가볍게 『귀멸의 칼날』 『체인소 맨』을 보고 나대서 문제인 패션 오타쿠가 있다면, 그런 건 절대 보지 않을 듯한 또다른 패션 오타쿠들은 어떤 만화들을 좋아할까? 그리고 어떤 행동들을 하고 있을까? 이들은 종종 만화 출판사의 공용 메일함, 혹은 공식 홈페이지와 SNS에서 만날 수 있다. 'ㅇㅇ만화(①불법 식질*되어 퍼져 아는 사람은 이미 다 아는 힙스터 작가의 만화 ②1990년대 이전에 출간된 옛날 만화 ③정통 일본 가로계** 만화. 절대로 초판 소화 못하고 안 팔릴 만화) 국내 정발 계획 있나요?'

▌활판 인쇄의 '식자(植字, 글자를 심는다는 뜻)에서 유래된 말로, 해외 만화의 이미지 파일에서 텍스트 부분을 지우고 번역문 텍스트를 삽입하는 작업을 의미한다.

▌▌《월간만화 가로(月刊漫画ガロ)》에 게재되었던 개성적이고 독자적인 작품들로부터 유래한 말로, 이후 그와 같은 경향을 보여주는 작품을 이와 같이 부른다.

  패션 오타쿠들도 씹덕들과 마찬가지다. 아직까진 만화나 애니메이션은 보통 사람들이 잘 보지 않는 분야다. 이 분야의 패션 오타쿠들은 대중들이 보지 않는 것, 아니 오타쿠들 사이에서도 잘 읽지 않는 만화들을 좋아한다. 오히려 그런 만화만 찾아다니는 것 같기도 하다. 키치한 것,

연출적으로 실험적인 작품들. 그리고 이런 만화들은 시쳇말로 '힙스터 만화'라고 불리며, 힙스터 만화를 읽는 것이 이들의 자부심이자 어느 정도 자기 과시에도 닿아 있는 듯하다. 나 또한 그런 만화들을 좋아했고 좋아하던 시절이 있었다. 없었으면 지금에 이를 수 없었을 것이다.

  내겐 태초에 마츠모토 타이요가 있었다. 그는 일본 만화계의 거장으로, 『하나오』 『철콘 근크리트』 『푸른 청춘』, 그리고 최근작 『동경일일』과 봉준호 감독이 추천한 『Sunny』라는 작품이 유명하다. 그의 작품을 처음 읽은 건 아마도 중학교 2학년 때쯤으로 기억한다. 종이에 칸과 말풍선만 그려져 있으면 다 읽던 시기로, 하루에도 만화 대여점을 두세 번씩 왔다갔다하며 읽고 읽다가 더이상 대여점에서 읽을 게 없다 싶을 때쯤 마츠모토 타이요라는 이름을 들었다. 만화계의 거장이라는데 왜 나는 처음 들어보지. 좌우간 새로운 게 보고 싶었던 나는 대여점에 이 작가의 책이 있나 찾아보았지만 없었다. 직접 구매해 읽으려고 하니 다른 만화보다 책값도 비쌌다. 심지어 몇 작품은 절판. 구매할 수 있는 것은 구매하고 절판된 도서들은 중고 서점을 돌아다니며 구해 읽어보기 시작했다. 인기작이었다면 당연히 대여점이든 서점이든 구비하고 있었을 것이다. 그때는 그런 생각을 못했다.

　얼마 뒤 나는 아주 꼴불견 오타쿠가 되어 있었다. 왠지 마츠모토 타이요를 읽는 독자라고 하면 그려지는 모습이 있다. 교실 뒤쪽이나 만화 입시학원 구석에서 마츠모토 타이요 책의 표지가 '잘 보이도록' 읽으면서 안경을 슥, 하고 올리는 그런. 유명한 소년 만화를 입에 올리는 친구에게 "그런 건 캐릭터 빠는 썸덕들용 양산형 만화죠"라고 대답하는 그런. 내가 그런 오타쿠가 되어 있었다······『디 그레이맨』『가정교사 히트맨 리본!』『흑집사』같은 만화들을 보다가 처음으로 마츠모토 타이요의 만화를 읽으니 새로움과 신선함에 눈이 트인 것이다. 영화를 보는 것 같은 카메라 앵글, 굵은 펜 선, 미형과는 거리가 멀지만 감각적인 그림체의 인물들. 섬세한 배경과 엽기적인 표정 묘사까지.

　천재적인 재능을 가진 주인공이 등장하고, 피나는 노력과 열정이 최고의 가치인 스포츠 만화만 보다가 타이요의 탁구 만화『핑퐁』을 보았을 때는 충격이었다. 주인공 스마일은 승부 상대인 아쿠마가 아무리 노력해도 자신을 이기지 못하자 말한다. 아주 건조하게. '그건 아쿠마가 탁구에 재능이 없어서 그런 거야. 단지 그것뿐이야.' 하지만 그렇게 말하는 스마일 또한 천재가 아니고, 끝내 우승하지는 못한다. 그치만 이기면 이기는 거고 지면 지는 거다. 죽을 둥 살 둥이 아니라, 앞으론 자기 나름대로 또 탁구를 치면 그뿐이다. 너무 목숨 걸지 말고, 단지 탁구대가 거기 있으니 탁구를 치는 것처럼. 스포츠 만화뿐만 아니라 재능을 다루는 만화는 수도 없이 많지만 『핑퐁』은 그 어떤 만화보다도 이를 담백하게 그려냈다.

이즈음 브로콜리너마저의 음악을 처음 들었을 때도 비슷한 감각을 느꼈던 것 같다. 이런 노래는 다들 어디서 찾아 듣고 있었던 거지? 〈인기가요〉에는 이런 가수랑 노랜 안 나오던데…… 세상 사람들 다 원나블(『원피스』 『나루토』 『블리치』) 보고 있는데, 마츠모토 타이요의 만화 같은 건 어디서 알고 어떻게 보고 있었던 거냐구. 그 새로움에 나는 안경을 슥 올리며 이가라시 다이스케, 아사노 이니오, 오시미 슈조 등의 작품들을 보기 시작했다. 도식화된 모에형▪ 캐릭터들이 나오지 않고, 뭔가가 되지 않으면 안 될 것처럼 구는 열정과 청춘 같은 것이 조금 버거워서 괜히 시시한 척 뻐기는, 거친 펜 선으로 그려진 날것 같은 만화들. 이런 만화들을 하나씩 찾아 보고 눈이 트여가던 감각을 잊지 못한다.

▪ 눈이 커다란 미소녀나 검은 머리에 까칠한 성격의 캐릭터처럼, 전형적인 캐릭터성을 지닌 인물상.

이제는 무슨 만화를 봐도 이런 건 몇 부 팔릴까 고민하는 편집자가 됐지만, 낯선 만화를 만나는 순수한 즐거움을 아직 간직하고 있다면 이 시절 느꼈던 감각 덕분이다.

2022년 말, 일본 출장에 다녀온 이후 내내 마음속에 남아 있는 만화책이 있다. 누가 봐도 좋은 만화지만 내가 기획한 책 중에 처음으로 팀에서 '안 팔릴 것 같아요'라는 이야기를 들은 타이틀이다. 하물며 나조차도 기획서에 예상 판매 부수를 적어야 하는데 이걸 뭐라고 적어야 하지 싶었다. 아아아아아아, 그래 어차피 이런 조오오옹은 만화는 안 팔린다고~ 나 대신 누가 정발해줘~ 그럼 사서 읽을게~ 하고 기획서 방치.

몇 달 후.

젠장, 그럼 대체 무슨 만화를 내야 하는 거냐? 대박 날 책 좀 알려달라고 물 떠다놓고 빌면 되나? 아니면 이 책이 대박 나게 해달라고 고사 지내는 게 빠른가? 애초에 좋은 만화가 뭐지? 그렇게 생각하며 기획서를 방치해둔 지 벌써 반년이 지났다. 아니 근데 진짜로 재밌다. 다시 봐도 내겐 이 만화가 참 재밌다. 이 만화가 나한테만 재밌다는 걸 믿을 수 없다. 그리고 그걸 믿을 수 없으니까 계속 만화 편집자를 하고 있는 거 아닌가.

그리하여 율곡 이이가 여진족과 일본을 경계하여

십만의 군대를 양병해야 한다고 주장한 것처럼 나는 이천(일반적인 단행본 초판 부수) 독자를 양성하고자 한다. 이들은 남들이 안 보는 것을 보고, 때로는 최대한 사람들이 모르는 만화를 보려고 하는 사람들로 구성되어 있다. 혹시 모르잖아. 이 책이 그런 사람들을 위한 책이 될 수 있다면, 혹은 기적적으로 이 책이 그런 사람들을 한 명이라도 늘리는 책이 될 수 있다면. 그러다보면 어떤 낯선 만화여도 묻지도 따지지도 않고 주저하지 않고 읽어줄 이천 명의 독자가 언젠가 생기지 않을까? 더도 말고 덜도 말고 딱 이천 명만. 그런 생각으로 기획서를 다시 써보기로 했다. 예상 판매 부수는 이렇게. 2,000부+α.

변태 만화 트로이카

책 읽는 사람을 두고 집중력이 좋다느니 차분하다느니 그런 이야기를 한다. 집중력을 기르기 위해 아이에게 책을 읽히고, 함께 읽는다는 사람도 있다. 안타깝지만 소용없을 것이다. '독서는 집중력을 길러준다'라는 말이 낯설이란 것은 나를 보면 알 수 있다. 어릴 때부터 산만했던 한 아이는 자라는 동안 책을 가까이했고, 지금도 가까이하고 있지만 이 책 읽다가 저 책 읽고, 다시 아까 그 책 읽다가 또다른 책을 읽기 시작하는 산만한 어른이 되었을 뿐이다.

아무리 재밌어도 한 작품을 진득하게 보기란 영 어렵다. 뭔가를 보고 있다보면 슬슬 다른 게 보고 싶어진다. 아, 최고다. 근데 오늘은 이 이상으로 더 못 읽어. 내가 오늘 소화할 수 있는 너희들의 이야기는 여기까지다. 나 내일 퇴근하고 바로 올 테니 새로운 모험은 내일 이 시간에 다시 떠나자, 해산. 그렇게 마치 게임 속에서 포털 이동하듯이, 각각 다른 만화 속 세계관을 돌아다니고 인물들에 이입하며 읽는다.

　보통 세 편 정도의 작품을 동시에 읽는 편이다. 물론 마구잡이로 작품을 고르는 건 아니다. 예를 들면 순정 만화, 소년 만화, 그래픽 노블처럼 가능한 한 서로 다른 작품군에서 고른다. 어떤 날은 음식 만화, 개그 만화, BL 만화를 고르고. 지금부터 말할 세 작품을 고를 때도 그랬다. 역사적 배경을 토대로 하는 보물 찾기, 던전을 무대로 하는 모험 판타지, 동물이 주인공인 군상극. 세 만화는 차례대로 노다 사토루의 『골든 카무이』, 쿠이 료코의 『던전밥』, 이타가키 파루의 『비스타즈』다. 2014년에 연재가 시작된 『골든 카무이』와 『던전밥』은 자주 같이 언급되는 반면, 『비스타즈』는 이들보단 다소 늦게 연재되었다. 아무튼 이 셋을 함께 읽기 시작했다. 그때는 알지 못했다. 이 셋이 2010년대 일본 만화계를 휩쓴 '변태 만화 트로이카'라는 것을······

　『골든 카무이』는 러일전쟁에서 '불사신'이라 불릴 만큼 활약했던 군인 스기모토가 제대 후 홋카이도에 아이누족이 대량의 금괴를 숨겨두었다는 소문을 듣고

아이누 소녀 아시리파와 금괴의 진실을 찾는 모험
활극이다. 자, 이제 금괴가 묻힌 장소를 어떻게 찾을까?
금괴를 보유하던 아이누인 중 한 명이 동료들을 모두
죽인 후 이를 어딘가에 숨겨둔 채 교도소에 입소, 거기서
만난 죄인들의 몸에 그 장소를 문신으로 새겨두었다고.
그러니 문신이 새겨진 죄인들을 모두 찾아야 한다.
여기저기 흩어져 있는 『드래곤볼』 속 칠성구를 찾듯이
말이다. 그렇게 아시리파와 스기모토가 어렵사리 찾은
죄인의 몸을 까보니 웬걸, 그 상태로는 알아보기가
힘들어, 문신이 새겨진 죄수들의 살가죽을 벗겨내 모두
모아 펼쳐놓아야 은닉처의 지도가 완성된다는 것이다.

 이렇게만 들으면 경악스럽긴 하지만 그 정도로
변태적이진 않은 것 같다는 생각이 들 수 있다. 나도
소문 듣고 봤다가 생각보단 무난하고 재밌다고 여겼다.
하지만 『골든 카무이』의 원서를 보고 깜짝 놀랐다.
한국어판에서는 의성어 등으로 가려져서 몰랐는데,
이 만화에는 절단된 신체 등 잔인한 장면이 무척 많이
나온다. 무엇보다 남성의 고추가 너무 많이 나온다.
'성기'라는 단어보단 '고추'라는 단어가 어울리는,
현실적인 크기의 남성 생식기관, 그리고 그것의 자세한
윤곽이 너무 자주 묘사된다. 물론 만화에 고추가 나올

순 있다. 남자니까 고추가 달려 있는 것도 맞다. 고추가 묘사되어야 하는 상황이라면 그려져도 상관없다.

 그런데 『골든 카무이』에서는 남자 주인공이 생사의 갈림길에 놓여 있는 상황인데 고추가 너무 덜렁거리고 있다. 급박한 상황인데 하반신마다, 보일 수 있는 곳마다 꼼꼼히도 그려놨다. 지금 딱히 고추가 묘사되지 않아도 되는 상황 아닌가(혹시 맥거핀인가)? 지금 꽤 위험한 상황인 거 아닌가(독자의 정신을 고추로 돌려놓아야 할 이유가 있는 건가)? 지금 딱히 주인공 고추 보고 있을 때가 아니지 않나(그치만 주인공분 고추가 너무 보이는데)? 애초에 캐릭터가 실오라기 하나 걸치지 않은 알몸일 때 굳이 생사의 갈림길에 놓는 것 자체가 이상하다. 아무리 급해도 뭐라도 좀 입고 싸우든 하지? 아무튼 나도 이 이상 책에 고추라는 단어를 쓰고 싶지 않다. 나도 여자고 체통이란 게 있는 사람이다. 만약 내가 『골든 카무이』의 편집자였다면 작가에게 '한 컷 정도만 할애해도 좋으니 등장인물들이 속옷 좀 챙겨 입는 장면을 넣죠'라고 했을 거다. 씨알도 안 먹혔을 것 같지만……

 쿠이 료코의 장편 데뷔작 『던전밥』은 정통 판타지 만화이자 괴식 요리 만화다. 독특한 상상력이 돋보이는 단편 만화를 많이 그려온 만큼 『던전밥』은 시작과 동시에 큰 화제가 되었다. 여기서 말하는 '괴식'은 단순히 괴상한 음식이란 뜻이 아니라 괴물을 잡아먹는다는 뜻이다. 제목에서도 알 수 있지만 『던전밥』의 주무대는 키메라가 서식하는 지하 미궁, 던전이다. 이 세계의 주인공 라이오스는 던전에서 습격을 당해 여동생 파린이 드래곤에게 잡히고, 탐험 경비와 식량을 모두 잃는다. 하지만 동생을 구하러 한시바삐 떠나야 하는 상황. 라이오스는 남다른 기지를 발휘한다. 던전에서 자급자족을 추구하면 안 되는 걸까? 지하 미궁에서 만난 마물(魔物)들을 요리해 먹기로. 처음엔 못 먹겠다고 내빼던 동료도 점점 그의 요리를 먹으며 함께 모험을 이어간다.

일견 게임 세계관에 입각한 평범한 판타지 요리 만화로 보일 수 있겠다. 이 만화도 그 정도로 이상한지는 모르겠다고 여길 수도 있다. 나도 지금 『던전밥』의 줄거리를 정리하면서 놀랐으니까. 이렇게나 담백한 줄거리의 평범한 만화였다니. 실제로 『던전밥』은 놀랄 만큼 탄탄한 세계관과 설정을 자랑하는 작품으로, 라이오스가 만드는 마물 요리 레시피도 굉장히 그럴듯해서 보고 있으면 어느새 배가 고파진다. 그래, 언젠가 빈털터리로 지하 던전에 모험을 떠나게 될지도 모르니 참고해두자, 그런 생각을 하게 된다(보통 살면서 그럴 일이 잘 없긴 하다. 보통이 아니고 그냥 없다).

그렇게 『던전밥』의 레시피를 따라가다보면 모험은 막바지에 이르고, 라이오스는 최종 보스인 미궁 악마와 싸우러 향한다. 그는 가기 전 모두가 모인 곳에서 말한다. 자신이 이기고 돌아오면 '밥 한끼' 같이 먹어달라고. 갑자기 얘들아 급한 일 끝나면 밥 한번 먹자는 말을 남기고 싸우러 간 라이오스는 정말로 악마에게서 승리를 거둔다. 어떻게? 이 만화를 잘 따라왔다면 알 수 있다. 악마를 먹음으로써 말이다.

라이오스는 산 채로 악마의 목덜미를 뜯어먹는다. 양면 펼침면에, 풀 컷으로 그려진 이 장면에서 나는 잠시 숨을 고를 수밖에 없었다. 마치 인간이 동물을 잡아먹는 장면이 아니라 동물이 동물을 포식하는 장면 같았다. 『던전밥』의 방식대로 악마를 없애고(먹고) 돌아온 라이오스. 그는 현대인들이 가장 많이 하는 거짓말이자 인사치레인 줄 알았던 '언제 밥 한번 먹자'를 진심으로 다시 한번 말한다. 메뉴는? 바로 나의 여동생. "내 동생을 우리와 같이 먹어줘!"

그러니까 '밥 한끼 먹자'라는 말이 '키메라가 되어버린 여동생의 신체 중 마물이 된 하반신 부분만

먹어 소화시키면 동생이 원래의 몸으로 돌아올 수 있을
것 같다. 그런데 하반신이 지나치게 큰 나머지 고기의
양이 너무 많으니까 다 함께 힘을 모아 먹어치워주면
좋겠다……'라는 이야기였구나. 여동생 뷔페에 와달라는
이야기였구나. 여태까지 그렇게 먹어왔는데 또 먹어야
하는구나. 이 만화는 정말 끝의 끝까지 먹는구나.
살려고 먹고 살리려고 먹고. 악마도 먹고 동생도 먹고.
먹지 않으면 끝이 나지 않는구나…… 내가 『던전밥』의
편집자였으면 '혹시 또 먹나요? 얘네 언제까지
먹나요?'라는 질문을, 아니다. 꺼내지 않았을 것 같다.
동생 먹느라 바빠서 씨알은 먹히지 않을 것 같다.

  이타가키 파루의 『비스타즈』는 초식동물과 육식동물
사이의 보이지 않지만 분명히 존재하는 차별과 위계를
다루면서, 강자와 약자로 상징되는 두 종족이 살아가는
세상을 그려낸 동물 군상극이다. 세 만화 중 가장 먼저
완결을 맞이한 『비스타즈』는 초식동물과 육식동물이
서로를 사랑하고 미워하지만, 끝끝내 공존을 도모한다.
역시 평범한 동물 만화 같다.

  『골든 카무이』『던전밥』『비스타즈』를 모두 본
친구와 셋 중 무엇이 가장 변태 같은지 깊은 토론을
나눈 적이 있었다. 제법 설전이 오갔고, 그렇다면

질문을 바꿔보자고 했다. 셋 중 하나만 보통의 독자에게
추천해야 한다고 했을 때 무엇을 추천하고 싶은지.
(여기서 말하는 보통의 독자란 만화 애독자가 아닌
독자로,『원피스』『먼작귀』정도만 아는 독자를
가리킵니다. 물론 그중에서도 '쵸파'라는 귀여운 사슴이
나온다는 사실을 알고 먼작귀 이모티콘을 카카오톡에서
사용하는 정도의 독자를 가리킵니다. 뭐가 됐든 지금
이 책을 읽는 당신은 아니니까 여러분들은 세 만화 다
봐주시면 됩니다.) 친구는『던전밥』을 골랐고 나는『골든
카무이』를 골랐다. 친구는『던전밥』이 그냥 모르고 보면
평범한 판타지 음식 만화로 보인다고 했다. 나 역시『골든
카무이』를 겉보기엔 금괴를 찾는 평범한 모험 활극이란
이유에서 꼽았다.

 그러면『비스타즈』는 뭐가 돼……『비스타즈』는 겉만
봐도 이상한 만화인가? 브래지어랑 팬티 입은 암컷
토끼가 나오는 만화. 확실히 겉만 봐도 이상하긴 하다.
육식동물과 초식동물의 사랑, 그들 사이의 이종교배,
그리하여 내가 느끼는 것이 식욕인지 성욕인지 고뇌하는
늑대. 친구와 내가『비스타즈』의 추천을 가장 망설인
이유가 바로 이것이다. 이거는 진짜 좀, 누가 봐도 이상한
것 같다. 내가『비스타즈』의 편집자면 작가에게 그냥

아무 요청도 하지 않았을 것 같다……

단면만 가지고 와 세 만화를 두고 변태니 어쩌니 했지만 이들은 모두 누가 보아도 틀림없이 더할 나위 없는 수작이다. 일본에 실제로 존재하는 소수민족인 아이누에 대한 탄탄하고 심도 깊은 취재에서는, 노다 사토루가 아이누를 단순 소재처럼 보이지 않도록 작품 속에 녹여내겠다는 의지가 느껴진다. 쿠이 료코는 만화의 시작부터 중요한 순간마다, 그리고 결말까지도 무언가를 '먹음'으로써 이야기를 전개시킨다. 먹지 않으면 이야기의 전개도 사건의 해결도 이루어지지 않는다. 우리가 서로 다른 존재여도, 살아 숨쉬는 존재라면 먹어야만 그다음을 살아갈 힘을 얻을 수 있다는 사실이 만화에 절절히 녹아 있다. 그리고 그 단순하고 동물적이고 생래적인 사실만이 삶을 이어가는 데 있어 유일하고 믿을 수 있는 진실이라고 말하는 듯하다. 파루는 갯과면 갯과, 파충류면 파충류, 여러 종의 습성을 파악하고 작품 내 재미 요소로 풀어낼 줄 안다. 초식동물과 육식동물, 여기에 이종교배로 태어난 주인공 레고시가 각각 무엇을 상징하고 있으며 그들 사이 관계와 알력이 우리 사회의 무엇을 은유하고 있는지를 생각하면, 이는 동물과 세상, 인간에 대한 보통 관심으로는 나올 수 없는 설정들이다.

완전히 다른 작품들일 줄 알고 골라 읽기 시작한 세 만화가 알고 보니 최고, 최강, 최악의 변태 만화였다니. 또한 누가 보아도 이견 없는 수작이라는 공통점도 있다니. 이런 변태 만화는 어떻게 만들어지는 걸까? 나는 이렇게 생각한다. 변태 만화는 변태 작가가 그릴 수 있다고. 세 작가 모두 어쭙잖은 조언과 개입은 씨알도 안 먹힐 것 같은, 자신들만의 이글거리는 열망이 있다. 만화를 보고 있으면 이 작가들이 무엇을 좋아하고 그리고 싫어하는지 말 그대로 이글이글 서려 있다. 모르려야 모를 수가 없다.

'창작자의 욕망이 투명하게 보인다'라는 이야기는 욕일까, 찬사일까? 대부분은 욕으로 그런 말을 하는 듯하다. 욕망은 단순히 좋아하는 것을 넘어서 열망하는 것이다. '좋다'보단 '못 참겠다'에 가깝다. 그래서 동시에 해소되어야만 하는 것인데, 해소되었다고 해서 소멸되는 것도 아니다. 풀어도 풀어도 풀리지 않고, 혹은 풀수록 더욱 커져가기만 하는 것이 욕망이다. 그리하여 세 작가의 욕망은 해소가 아니라 만화로 승화된 것이다.

때로, 어떤 것을 열렬하게 좋아하는 마음은 부끄러운 것이 된다. 애초에 '오타쿠' '오덕' '썹덕'이라는 말부터가 그러하다. 무엇을 너무 좋아하는 사람들은 그렇게 불린다. 언젠가 내가 여태껏 기획하고 편집한 도서를 쭉 본 이로부터 "편집자님은 '이런' 걸 좋아하시나봐요"라는 이야기를 들은 적이 있다. 이런 거. 이런 게 뭘까. 하지만 부정할 순 없었다. 내가 '이런'(정의할 순 없지만) 걸 좋아하는 것은 사실이었다. 그리고 속으로 생각했다. 딱히 그런 것만 좋아하는 거 아니고, 명색이 직장인인데 좋아하는 것과 해야 하는 일은 구분하며, 일에 개인적인 취향을 그대로 반영하고 있는 건…… 맞지만 아무튼 그렇게 내가 뭘 좋아하는지는 '이런 거'라는 말로 딱 잘라 쉽게 설명할 수 있는 게 아니라고.

한데 이 세 작가와 이들의 만화를 보고 있으면 이 자격지심을 극복하고 싶어진다. 내가 좋아하는 것이 뭔지 알고 있다고. 그것을 누군가에게 보여주고 싶다고. 취향이 투명하게 드러난다 하더라도 고개를 빳빳이 들고 싶다. 자기가 좋아하는 것을 마음껏 그리겠다는 이 세 작가의 마음, 그것을 숨길 생각 없이 놀라운 박력과 출력으로 그려낸 이 투명한 세 만화를, 최강의 만화가가 그린 최강의 만화라고 소개하고 싶다. 그리하여, 이 세 만화를 놀랍도록 노골적으로 추천한다. 나만 당할 수 없다.

모든 인간에게는
똥구멍이 있다는 새삼스러운
사실에 대하여

오래 보아야 아름답다는 모 시 구절에 지극히 반대한다. 내가 봐온 사람들은 오래 볼수록 크고 작게 이상한 구석들이 있었다. 아주 평범해 보이는 사람이라도 반드시 있다. 이를테면 흔히 볼 수 있는 이상한 구석의 하나로 수프에 밥을 말아 먹는 것이 있다. 김밥에 오이만 잔뜩 넣어 먹는 것도 있다. 이런 건 도통 이해하기 어렵다. 왜 그렇게 먹는 거예요? 하고 조심스레 물으면 그냥 맛있다는 대답이 돌아온다. 모든 사람들은 홍시 맛이 나서 홍시 맛이 난다고 대답할 뿐이다…… 또하나의 이상한 구석으로, 작품 내에서 죽어라 싸우는 두 남성 주인공을 두고 서로 사랑을 하고 있다고 생각하는 것도 있다. 물론 이건 이해하는 데 크게 어렵지 않다. 뭘 보고 그렇게 생각하냐고? 봐라, 둘이 그냥 사랑을 하고 있잖아. 홍시에서 홍시 맛이 난다고. (만화에서의 싸움은 사실상 섹스의 은유라 보아도 무방하다.) (아니 전투는 섹스다.)

아무튼 인간은 조금씩 이상한 구석이 있다. 시쳇말로 '취향'이라 부르는 것. 요즘은 취향이라는 단어가 '내가 쌓아온 나만의 기호'라는 의미로 뭔가 멋스러운 느낌을 자아내는데, 오래전엔 오타쿠 사이에서 '취향입니다. 존중해주시죠'라는 말이 유행한 적이 있었다. 무언가 특이한 것을 좋아할 때 자신을 보호하기 위해 하는 말로서 말이다. 그러나 이러한 취향, 이상한 구석을 갖고 있다는 건 인간이라면 누구나 똥구멍을 가지고 있다는 말만큼 새삼스럽고 당연한 사실이다. 똥구멍 없는 사람은 없다. 가끔 그런 생각을 하지 않나. 저 사람도 똥구멍이 있겠지. 하반신의 엉덩이 골 사이에 똥구멍이라는, 생체 찌꺼기가 나오는 구멍이. 때론 그것이 제 기능을 하지 않아 힘들 때도 있겠지……

'인생 영화'를 물으면 어렵지 않게 미야자키 하야오 감독의 〈센과 치히로의 행방불명〉(2002)이라고 대답한다. 처음으로 극장에서 본 영화기도 하고 치히로라는 인물에 한껏 몰입하여 러닝 타임 내내 웃고 울고 겁에 질린 기억이 생생하다. 많은 사람들이 하야오 영화의 남자 캐릭터 중 〈모노노케 히메〉(1997)의 아시타카를 꼽지만("살아라, 그대는 아름답다……") 내가 최고로 치는 남자 주인공은 하쿠다. 돼지가 된 부모님, 빼앗겨버린 이름, 목욕탕의 잡역부가 된 신세. 소년은 하루아침에 일어난 너무 많은 일들에 넋이 나가 있던 소녀 치히로를 어느 아침 조용히 불러내 주먹밥을 건넨다. 꿈인지 생시인지, 소년 소녀의 키를 훌쩍 넘는 아름다운 꽃길을 앞장서서 걸어가던 하쿠의 모습은 무척 따뜻했고 여전히 아름답다. 따뜻하고 아름답다. 근데 그런 장면 말고 내 가슴을 더욱 움켜쥐는 것이 있었다(똥구멍 개시).

몰래 유바바의 방에 들어갔다가 이도 저도 할 수 없는 상황에 처한 치히로 앞에 의문의 용이 나타난다. 유바바와의 싸움으로 여기저기 잔뜩 상처를 입은 용을 보자마자 치히로는 그 짐승이 하쿠라는 것을 직감한다. 어떻게 된 일이냐고 치히로는 하쿠에게 다가가지만 하쿠는 으르렁거릴 뿐이다. 유바바는 거동도 힘들어 보이는 하쿠를 다시 공격하려 하고 치히로는 하쿠를 품에 안으며 그를 보호하려 하는데……

주먹밥을 챙겨주는 따뜻하고 아름다운 하쿠도 좋았지만, 처음으로 마주쳐버린 것이다. 상처 입은 야수 같은 깊은 눈을. 그리고 느꼈노라, 인간 하쿠보다도 용의 모습을 한 하쿠가 더 '잘생기고' 더 좋다고. 자신보다 훨씬 커다란 존재를 감싸안는 여리고 작은 인간과 그 인간을 단숨에 바스라뜨릴 수 있을 만큼 위협적이고 거친 짐승. 그 둘의 체격 차이, 인간과 용이라는 서로 다른 종의 차이, 하지만 언어로 하지 않아도 눈빛으로 느껴지는 교감, 그 차이와 교감이 주는 묘한 설렘을 나는 처음으로 마주하고 느낀 것이다.

그후 시간이 흐르고 흘러 어느 날 2018년 일본 만화대상, 제21회 일본문화청 미디어 예술제 신인상, 제22회 데즈카 오사무 문화상 신인상 등을 휩쓸며 주목받은 만화 『비스타즈』를 보게 된다. 이타가키 파루의 만화 『비스타즈』는 초식동물과 육식동물이 살아가는 세상을 배경으로 권력과 차별, 식욕과 성욕, 사랑과 우정, 그리고 서로 다른 두 종의 공존을 그리는 우화이자 동물 군상극이다. 권력을 가진 강자를 상징하는 육식동물과 약자로 나타나는 초식동물의 긴장 관계가 이야기를 이끌어가는데, 늑대지만 자신과 종이 다른 초식동물을 좋아하는 레고시가 주인공이다. 토끼인 하루를 향한 자신의 마음이 사랑(성욕)인지 식욕인지 헷갈린다거나, 초식동물을 해치지 않겠다고 다짐하기 위해 스스로

날카로운 이빨을 뽑아버리는 등, 무식한 건지 착한 건지 모를 짓을 일삼으며 좋은 사람, 아니 좋은 육식동물이 되려고 나름 애를 많이 쓰는 녀석이다.

 이처럼 흥미로운 줄거리와 앞서 언급한 것처럼 내로라하는 만화상을 휩쓸며 주목을 받은 터라 기대를 안고 보기 시작했는데…… 타고나기를 약자로 태어난 초식동물인 토끼 하루가 안전한 생활을 위해 권력을 가진 육식동물들에게 몸을 허락한다는 설정은 이해할 수 있었다. 그렇지만 브래지어와 팬티를 입고 있는 하루의 모습을 보았을 땐 약간은 불쾌한 골짜기에 빠진 듯한 느낌이 들었다. 그 리본에는 레이스가 달려 있었다. 심리스 속옷이었다면 이 정도는 아니었을지도 모른다.

 하지만 괴식과 아예 맛이 없는 음식은 다르다. 여기서 나아가기 위해선 똠얌꿍을 처음 맛보았을 때의 마음가짐을 떠올려봐야 한다. 생전 처음 먹어보는 맛에 낯섦을 느끼고 아니 이게 무슨 맛이야? 하고 주춤한다. 하지만 한 숟가락 더 먹어봐야 뭔 맛인지 정확하게 알겠는데 싶어서 또 한술 뜬다. 이어서 두 술을 뜬다. 신데 매운맛이 나고, 매운데 비누 맛이 나고, 심지어 달달하기까지 한 이 맛은 대체…… 그런 생각으로 어느덧 한 그릇을 비웠을 때쯤 알게 된다. 똠얌꿍이 맛있다는 것을. 심지어 앞으로 똠얌꿍을 좋아할 것 같다는 것을. 낯설면 낯설수록 먹어봐야 한다. 그 맛을 알 때까지. 진미를 찾을 때까지. 우리는 똠얌꿍의 맛을 모르는 게 아니다. 진짜 똠얌꿍을 아직 먹어보지 못했을 뿐이다.

 새로운 것을 먹을 수 있게 된 나는 이윽고 만나게 된다. 재벌 2세이자 극중의 배경인 '체리톤 학원'의 인기남, 연극부의 빛나는 주역 배우인 붉은사슴 루이라는 캐릭터를. 높은 지위와 권력을 가졌지만 '고작' 초식동물에 불과한 그를. 그 타고난 초라한 태생으로 인해 어둡고 위험한 과거를 견뎌야만 했던 그를. 그런 루이를 보았을 때 예전에 느꼈던 감각이 다시 한번 떠올랐다. 난 어릴 때 이미 한번 똠얌꿍을 먹어본 적이 있었다. 이 익숙한 설렘. 예전에 봤었어. 상처 입은 야수 같은 깊은 눈을. 루이라는 동물, 아니 루이라는 남자, 하쿠만큼 설렌다.

 오타쿠들이 많이 묻는 질문이 있다. '○○ 캐릭터가 동물이라면 무엇인가요?' 그들은 왜 가만있는 인간 캐릭터를 동물로 대치시키고 싶어하는 것인가? 그들이라고 해서 미안합니다. 사실 나도 궁금합니다. 인간이 동물로 변하는 만화는 많고, 동물이 인간의 모습을 하고 있는 만화도 많다. 대표적으로 만화『후르츠

바스켓』이 있고, 똥구멍 얘기하다가 언급할 작품은 아니지만 웹툰 〈마루는 강쥐〉도 키우는 강아지를 의인화한 작품이다. 아무래도 난 인간을 동물로 대치했을 때, 그러니까 인간일 때와 동물일 때의 '갭 차이'가 좋은 것 같다. 하쿠가 '용'이라니. 여리여리하지만 꼿꼿한 눈빛에 '칼단발'을 한 (게다가 무려 성우가 열세 살의 이리노 미유▪인) 미소년이, 동물이 되면 크고 거칠고 야성을 지닌, 주체할 수 없는 힘을 가진 용이 된다니? 그리고 이제는 인간을 동물로 대치하는 것을 넘어서, 그냥 인간을 연기하는 동물마저도 좋다. 사슴 같은 눈망울, 사슴 같은 목선이 아니라 정말 사슴의 모습으로 나오는 그, 루이가 좋다. 모든 걸 다 가진 듯 보여도 초식동물인 루이가 육식동물의 야만과 야성을 업신여기는 동시에 두려워하는 모습이 너무나 사슴, 이라서 좋은 것이다. 지천에 깔린 수려한 인간 모습의 남성 캐릭터를 두고, 필연적이고 생득적으로 육식동물보다 약할 수밖에 없어 떨쳐낼 수 없는 열등감을 가진 수사슴에 끌리는 사람도 있다. 멀리 갈 것 없이 다들 영화 〈주토피아〉(2016)를 재밌게 보지 않았는가?

▪ 일본의 인기 성우. 〈하이큐〉의 스가와라 코시, 〈모브 사이코 100〉의 카게야마 리츠 등, 어딘가 '곱다'라고 말해야 할 것 같은 수많은 소년 캐릭터를 연기했다.

여우인 닉을 보고 설레지 않았는가? 이는 결국 모두가 지문이나 홍채와 마찬가지로 사람마다 다르게 생겼다는 하반신 깊은 골짜기 속 구멍의 주름처럼, 정도의 차이는 있을지언정 우리의 욕망과 취향도 무궁하다는 것 아닐지?

나는 '그런' 취향 진짜 없어. 누군가는 아직도 그렇게 생각할 수 있다. 암만 부정해봤자 그 사람도 똥구멍이 있다. 모두가 하나씩 갖고 있을 자신의 이상한 구석을 한번 곰곰이 살펴보자. 신체 구조상 항문을 들여다볼 순 없어도 마음의 똥구멍을 보는 건 그보단 쉽다. 자기만의 취향을 가지려고 갖은 애를 쓰는 시대 아닌가. 똥구멍을 통해 생체 찌꺼기가 배출되는 생리처럼, 한 사람의 이상한 구석, 아니 이상한 구멍으로 마음의 찌꺼기인 불온한 것을 향한 욕망 역시 응당 배출되어야 한다.

우리는 결국 다 크고 작게 이상한 구석을 가진 사람들이고, 다행히도 그런 우리를 위해 이 세상엔 온갖 기상천외하고 해괴한 이야기들이 기다리고 있다. 자신의 똥구멍을 곰곰이 들여다본 자만이, 똥구멍을 단련한 자만이 이를 즐길 수 있을 것이다. 때로는 그렇게 알게 된 자신의 이상한 구석에 놀라고 부끄러울 수도 있지만, 모든 인간의 하반신에 단 하나도 서로 같은 모양이 아닌 구멍이 있다는 것보다 망측하고 별난 사실은 없다. (이 글을 쓰는 동안 똥구멍이란 단어를 여러 번 썼으면서 똥은 똥이라 적지 못하고 굳이 생체 찌꺼기라고 쓰는 이유는 왜일까? 하여간 사람은 다 이상한 구석이 있다……)

『데스 노트』에 대하여

연휴 첫날이었다. 불현듯 『데스 노트』가 다시 보고 싶었다. 이유는 없고 맥락도 없었다. 그냥 그런 날이 있다, 라고밖에. 이 충동은 전자책으로는 해결이 안 된다. 인터넷으로 주문하려고 서점 앱을 켰다가 배송을 기다릴 수 없어서 껐다. 난 지금 당장 『데스 노트』가 보고 싶다. 가능하면 삼십 분 안으로. 저녁에 주문한 책이 바로 다음날 집 앞으로 도착하는 시대지만 아니 난 그런 거 필요 없고 바로 당장 보고 싶었다. 바닥에 드러누워 데스 노트, 데스 노트 내놔, 하고 진상을 부렸다. 글쎄다, 추억 팔이처럼 익숙하고 잘 알고 있는 세계가 그리웠던 건지, 충분히 정복한 재미를 다시 느끼고 싶었던 건지. 이미 몇 번이나 읽은 만화였으니 단순히 내용을 다시 읽고 싶었던 건 아닌 것 같다. 그런 이유로 이렇게까지 보고 싶을 리가 없지 않나(그러니까 바닥에 드러누울 만큼은)?

    사실 그 순간엔 이런 생각은 하지 못했고, 한참 전에 주문한 『데스 노트』가 나오지 않아 화가 난 손님처럼(내가 돈이 없어 시간이 없어 나 지금 『데스 노트』 보고 싶은데 왜 우리집에 『데스 노트』 없냐고) 지갑이랑 휴대폰만 얼른 챙겨 교보문고에 가서 이빨 빠진 권들을 전부 사 왔다. 서울 한복판에 이렇게 수많은 책을 보유하고 있는 서점이 존재함에, 책이 돈을 지불함과 동시에 내 것이 되어 마음껏 만지고 펼치고 읽을 수 있는 재화라는 사실에, 그러니까 아주 당연한 사실에 새삼스럽게 감사했다…… (이 사람은 그냥 오프라인 서점에 가서 『데스 노트』를 돈 주고 사 왔을 뿐이다. 슈퍼에 가면 간장을 팔고 있고 으레 그것을 살 수 있듯이.)

    오바타 타케시가 그림을 그리고 오바 츠구미가 스토리를 만든 『데스 노트』는 2004년부터 2006년까지 연재된 만화로, 아마 '이름을 적으면 죽는 노트'라는 참신한 소재 덕에 이 만화를 모르는 사람은 없을 것이다. 짧은 연재 기간, 12권 완결이라는 비교적 단출한 분량이지만 수많은 밈과 명장면을 남긴 그야말로 '초초초일류메가히트작'이다. 마땅한 단어가 없어서 초초초일류메가히트작이라고 한 거지 그 어떤 수식어로도 『데스 노트』가 낳은 파급력과 미친 영향력을 표현할 수 없을 것이다. 어떤 작품이 연재되는 동안 실시간으로 읽는 경험은 감상자에게 지대한 영향을 미치곤 하는데, 이를테면 '『슬램덩크』는 산왕전이 끝나자마자 갑작스럽게 결말을 냈다'라고 널리 알려진 정보를 파악한 채로 완결된 작품을 읽는 것과, 매주 다음 호 잡지에서 어떤 전개가 펼쳐질지 전혀 알 수 없는 상태로 작품을 읽다가 산왕전이 끝나자마자 『슬램덩크』가 끝나버리는 사실을 경험하는 것 사이엔 어마어마한 차이가 있다.

　더욱 쉬운 예를 들자면 이미 수없이 밈으로 보아온 '왼손은 거들 뿐'이라는 유명한 대사의 무게나 맥락을 아는 채로 만화를 읽는 사람과, 그 대사를 연재 당시 잡지에 실린 최신 에피소드를 통해 처음으로 읽는 사람이 경험하는 감동은 완전히 다르다고 할 수 있겠다. BL적으로 설명하자면(아무도 안 바란 설명까지) 윤대협과 서태웅이 원온원 연습을 했다는 정보를 아는 채로 『슬램덩크』를 보는 사람과, 능남전 때 서로에게 강렬한 인상을 받은 윤대협과 서태웅이 너무 잘 어울려서 뭔가 둘의 접점(떡밥)이 더 있었으면 좋겠는데 패한

능남고와 윤대협은 이제 더이상 작중에 등장할 일이 없을 테니 단념한 채『슬램덩크』를 읽고 있던 어느 날, 서태웅과 윤대협이 산왕전을 앞두고 1:1 연습을 하는 장면을 읽게 된 사람은 그 충격의 정도가 다를 것이다. 이래서 '안 본 뇌' 산다고 하는 것이다.

 나한테는『데스 노트』가 그런 만화다.『데스 노트』 작가는 좋겠다,『데스 노트』결말 알아서. 그런 생각을 할 정도로 오직 작가의 머릿속에서만 창조되고 있는 스토리, 작가를 제외하곤 누구도 알 수 없는 전개를 기다리며『데스 노트』를 보았던 경험은 무척 값지다. 『데스 노트』의 연재를 함께 달릴 수 있었던 시대를 살아 행운이었다고 생각한다.

 『데스 노트』를 처음 읽었던 때가 기억난다. 초등학생이었고 집에 돌아오는 길이었는데, 너무 재밌는 나머지 길을 걸으면서 읽었다. 그리고 집에 도착하기 직전에 서점으로 돌아가 다음 권을 사서 귀가했다. 아마 내가 처음 모으기 시작한 단행본일 것이다. 종종 만화 편집부에서 글밥이 많은 만화책을 편집할 때면 '『데스 노트』급이에요'라고 우스갯소리를 하곤 하는데, 아마 어릴 때는 그 수많은 대사를 읽긴 했어도 그들의 추리나 전개 전체를 다 이해하진 못했을 것이다. 단지 '이름을 쓰면 죽는 노트'라는 파격적인 설정에 매료되어서 정신없이 읽었다. 지금도 내가 일본에서 그림을 가장 잘 그린다고 생각하는 오바타 타케시의 그림체도 무척 좋았고.

　아무튼 충동을 못 이기고 교보문고에서 급히 사 온 1권을 다시 읽는데, 너무…… 정말 너무 재밌어서 깜짝 놀랐다. 최근에 읽은 어떤 웹툰의 1화보다, 어떤 만화의 1권보다도 재밌었다. 나는 내가 『데스 노트』를 그날 처음 읽은 줄 알았다. 아니 몇 번을 읽은 만화인데 또 이렇게 재밌다고? 진짜 이 정도로 재밌다고? 이건 말이 안 된다. 처음으로 『데스 노트』에 사신(死神)의 눈(타인의 이름과 남은 수명이 보이는 눈으로, 자신의 남은 수명의 반을 대가로 주면 거래할 수 있다. 앞으로 오십 년을 살 수 있다면 이십오 년을 주고 사신의 눈을 거래할 수 있는 거다)이라는 개념이 나왔을 때 이건 너무 사기템이잖아, 근데 누군가는 이 미친 거래를 하겠지……? 하고 충격받았던 것도 기억났다. 이것저것 세웠던 연휴 계획은 다 잊어버리고 연달아 만화를 읽어나갔다. 그리고 2권에서 '그이'가 등장했을 때 나는 내가 왜 그토록 불현듯 『데스 노트』가 읽고 싶었던 건지 깨닫게 되었다.

　L에 대해 생각한다. 하지만 나는 L에 대해 아무것도

모르는 것 같다. 내가 L에 대해 아는 거라곤 이런
거다. 그는 노트의 주인인 야가미 라이토를 잡으려는
세계적인 명탐정. 얼굴, 이름, 나이 모든 것이 불명이고
정의감보단 자신의 흥미가 동하는 사건만 수사하는
까다로운 탐정이다. 더벅머리에 다크 서클, 복장은
하얀색 티셔츠에 긴 청바지. 쪼그려 앉아 있는 이상한
자세를 유지한다. 그 자세가 아니면 약 사십 퍼센트
정도 집중력이 감소한다고 한다. 비실비실해 보이는
겉모습에 비해 테니스를 잘 치고, 싸움도 잘한다.
어릴 때 머물던 보육원에서 거슬리는 선배 여섯 명을
패버린 적이 있다. 주식도 잘해서 어린 자신을 돌봐주던
와타리의 재산을 이만 배로 불려주었다고 한다(와타리의
재산이 만원이었다고 해도 이억원이 된다……). 아마도
고아인 것 같고 일본, 영국, 러시아, 이탈리아 혹은
프랑스의 혼혈이라는 이야기가 있다. 특이한 사람이지만
이러니저러니 해도 『데스 노트』에서 가장 머리가 좋은
캐릭터다. 라이벌이었던 라이토보다도 똑똑하다.

 『데스 노트』를 읽으며 나는 L의 편이 아니었던 적이
없다. 세상에 신이란 존재는 없고, 있다고 해도 그 신이
다른 누구를 심판하고 죽일 수는 없다. 너무 당연한
이야기다. 이런 신념이나 사상의 이유를 떠나서도,

L이 처음으로 라이토에게 선전포고한 순간이 내겐 압도적이었다. 전 세계가 키라의 살인 방식에 갈피를 못 잡는 와중에, L은 키라가 얼굴과 이름 등 정체와 신원이 불명인 자신을 죽이지 못한다는 사실을 밝힌다. 그리하여 신이라 해도 얼굴과 이름은 알아야 죽일 수 있다는 살인의 최소 조건을 알아낸다. 이러한 L의 도발에 넘어간 라이토는 뉴스 방송에 '자신이 L'이라며 출연한 대역을 죽인다. L은 이 방송이 전 세계가 아니라 일본 관동에서만 방송되고 있었음을 밝히며, 키라의 위치를 찾아낸다. 전무후무하던 살인 방식과 정체불명이던 살인자의 존재가 단 몇 장면만으로 '일본 관동에 사는 고등학생이 이름과 얼굴을 알면 사람을 죽일 수 있다'까지 특정된 것이다. 이것이 '압도적 승리감'……
내게는 L이란 존재가 여태까지 봐온 천재 캐릭터 중 유일무이한 진짜 천재처럼 다가왔다.

그랬던 나는 이번에 『데스 노트』를 다시 읽으면서 L이란 사람에 대해 점점 알 수 없어졌다. 수없이 봐온 만화고 사람인데 모르겠다. 만화 속 L이 변한 건 아닐 테니 'L은 그저 천재 히어로'라고 여겼던 어린 시절과 지금의 내가 달라졌기 때문일 것이다. 지금 난……
죽이고 싶은 사람이 너무 많다. 매일매일 뉴스를 볼

때마다 이 사람은 죽어야 해, 저 사람도 죽어야 하고, 그 사람만 죽으면 다 해결돼, 싶은 악마들이 너무 많다. 갱생의 의지가 없는 쓰레기, 도무지 타개할 방법이 떠오르지 않는 사회문제, 인격적으로 결함 있는 못된 인간 한 명 때문에 벌어지는 사건 사고들. 무엇 하나 제대로 해결되지 못하는 사이 매일 새롭게 터지는 부조리와 그 원인 제공자들. 걷잡을 수 없이 쌓여가는 무력감은 이렇게 말한다. 그냥 죽이자. 이 사람들 죽이는 데 불만 있는 분? 없는 걸로 알고 죽이겠습니다. 죽는 게 나은 인간도 있다. 세상 모든 사람에게 정말 살아 있을 자격과 가치가 있을까? 그런 생각을 멈추는 게 정말로 힘이 든다……

하물며 이런 생각마저 든다. 라이토가 정말로 나쁜 인간인가? 사람의 이름을 적으면 죽는 노트를 악용하려면 얼마든 악용할 수 있다. 실제로 만화 속에서 히구치 코스케라는 작자는 요츠바 기업과 자신의 사익을 위해서 노트를 사용한다. 반면 라이토는 오직 범죄자 처단을 위해서만 노트를 사용한다. 차라리 한 명쯤은 순전히 저 좋으라고 죽인 사람이 있었으면 싶을 정도로 라이토는 바른 세계를 이룩하기 위해서만 행동한다. 단 한 번의 실수나 오판도 없이. 때때로 키라의 뜻을

거스르는 인물을 죽이긴 하지만 소수고, 그것조차도
결국은 선량한 다수와 억울한 약자들이 살 수 있는
세상을 위한 것이다. 어떻게 이런 사람이 있을 수 있지.
세상을 붕괴시킬 수도 있는 살인 병기로 오직 범죄자,
나쁜 사람만 처단하다니. 오히려 다른 누구도 아닌
라이토가 노트를 주워서 다행일지도 모른다.

   과연 그 세계에서 L을 응원한 사람이 있었을까?
지금 당장 누구라도 머릿속에 '이 사람만 죽으면
세상이 얼마나 좋아질까' 싶은 작자가 있을 것이다.
적어도 한 명은. 아니 두 명…… 아니 세 명, 네 명, 다섯
명…… 그런데 그 사람을 정말로 키라가 하루아침에
죽여줬다면? 그리고 그다음 날, 다른 범죄자도
죽었다면? 그렇게 죽었으면 좋겠다고 생각한 사람들이
정말로 매일매일 다 죽어간다면? 이런 세상에서
누가 L을 응원했을까? 흉악범 잡아주는 민간인을
체포하겠다고 하는 탐정을 과연 누가 지지할까?

   아마 전 세계에 이름과 얼굴이 알려졌을 만큼 악명
높은 흉악범들만이 L을 응원했을 것이다. 틀림없이
데스 노트의 다음 타깃이 될 사람들이니까. 선량한 이들
대다수는 자신을 응원하지 않고, 세상에서 가장 나쁜
사람들만 자신을 지지한다. 범죄율은 점점 낮아지고

키라가 말하는 신세계가 가까워진다. 이런 상황에서 L이라는 사람을 움직이게 만든 것은 무엇이었을까. 옳지는 않을지언정 이상향에 가까워지고 있는 세상을 보면서 L은 본인의 뭐가 그렇게 옳다고 생각해서 키라를 잡고 싶었을까. 키라 앞에 얼굴을 드러내고 목숨까지 걸어가며?

  어쩌면 진짜 L에 대해서 알 수 있는 결정적인 단서는 그의 유언이다. 7권에서 L은 결국 라이토에게 패한다. 직접 조작한 노트의 규칙, 사신의 눈을 가진 동료, 그리고 사신의 협력까지 가진 라이토에 비하면 L의 패는 적었다. 심장마비로 죽어가는 L은 자신을 향해 승리의 조소를 날리는 라이토를 보며 생각한다. '역시 난 틀리지 않았어……' 원서에는 이 뒤로도 대사가 더 있다. 무슨 말을 더 이으려고 했던 건지는 확실하지 않지만 그의 유언은 '역시 난 틀리지 않았어. 하지만……' 정도였을 거라고 추측한다.

  L의 죽음을 본 나는 세상에 실존하지 않는 존재가 사라졌다는 사실이 세상에 실존하는 존재에게 물리적 아픔, 정신적 고통을 줄 수 있다는 걸 알았다. L이 죽은 것을 두 눈으로 보고, 인정하고, 그 전개를 이해하려 했다. 그런데 그가 죽었는데도 이 만화가 계속된다는

사실, 그리고 이 뒷이야기부터는 L이라는 사람이 더이상 등장하지 않으며 앞으로 L의 그 어떤 새로운 모습도 볼 수 없다는 사실, L이 이제는 이 이야기의 주인공이 아니라는 사실이 거짓말 같았다. 다른 세상에서 벌어지고 있는 일이죠? 아니요, L은 죽은 게 맞습니다. L은 이제 『데스 노트』에서 퇴장합니다. 그런 선고를 받아야 했다. 나 그때 초등학교 6학년이었다. 미친. 초등학교 6학년이었다고. 열세 살이 받아들이기에는 너무나 큰 상실이자 아픔이었다.

 그 아픔이 옅어진 지금 L의 유언에 대해 생각한다. 이번엔 아주 많이 생각해본다. 이것이 죽어가는 그가 남긴 마지막 발언이라고 생각하면, 이 말은 그를 이해할 수 있는 결정적인 단서다. 이해가 될 것 같아서 생각을 하는 건 아니다. 사람이 어떻게 죽어가면서 역시 내가 맞았다는 생각을 할 수 있냔 말이다. 사십 초 뒤에 죽는데, 보고 싶은 사람이나 가장 행복했던 순간이나 그런 게 떠오를 순 없었던 걸까? 그에게 가장 중요한 것이 오직 '나는 틀리지 않았다'라는 사실이란 게 경악스럽다. 이 사람은 평생 자신이 생각한 바가 틀리지 않았음을 좇으며 산 걸까?

 그럼에도 그 말이 '내가 옳았다'가 아니라 '나는 틀리지 않았다'라는 것에서 나는 조금이나마 L이란 사람을 알 수 있을 것 같다. 라이토는 자신이 옳다고 여기며 행동하는 사람이다. 노트를 가장 이롭게 쓸 수 있는 것은 자신이고, 자신이 생각하는 이상적 세계가 옳은 방향이라는 절대적인 믿음과 확신으로 움직이는 사람이었다.

  반면 L은 세상에 옳은 것은 없고 틀린 것만이 존재한다고 생각하는 사람이다. L에게 정의가 무엇이냐고 물으면 그런 생각은 한 번도 해본 적 없단 얼굴을 했을 것 같다. 정의. 옳은 것. 절대적인 것. 신(神). L의 세계에 그런 건 없었을 것이다. 생각해보면 정의란 무엇인지, 절대적으로 옳다고 말할 수 있는 것이 무엇인지, 죽어야 되는 사람이란 어떤 사람인지, 어떤 사람부터는 죽어야 되고 어떤 사람까지는 살아도 되는 건지, 그런 것은 세상에 정말로 없다.

  그렇기에 L은 자기가 신이라고 말하며 타인의 생사를 심판하는 키라의 존재를 쫓은 것이 아닐까. 존재하지도 않는 절대자 행세는 틀린 것이니까. 이리 말해도 나는 L이라는 사람의 진의를 영영 알 수 없다. 세상에서 제일 똑똑하다는 사람의 머릿속을 내가 어떻게 헤아릴 수 있을까. 그래도 나는 어느 날 갑자기 L이라는 사람이 보고 싶었다. 모든 것을 다 알지만 정의가 무엇인지는 모르는 사람, 의심하고 버리고, 의심하고 또 버리고, 그렇게 건져올린 진실은 틀리지 않았을 거라 생각하는 사람이. 그리고 그런 자기가 틀리지 않았다는 것만을 확인하려 했던 사람이…… 나는 그런 사람이 되고 싶어서 그가 보고 싶었다.

  작중 결말과는 달리 키라와의 승부에서 승리한 L에 대해 생각해본다(여기부터는 내 망상이다). 살면서 가장 어려웠던 사건을 해결한 L은 당분간 아무것도 하지 않고 쉬기로 한다. 늘 하는 쪼그려 앉는 자세가 아니라 벌러덩 나동그라져 눕는다. 집중력이 사십 퍼센트 정도 떨어져도 그냥 편하게 누워 있었으면 좋겠다. 여전히 키라를 찾는 세상을 뒤로한 채 먹고, 자며 쉬기를 바란다. 사신이란 게 정말로 있었군. 그렇게까지 무섭게 생기진 않았었어…… 그런 생각이나 하면서. (그는 사신 류크를 보자마자 의자에서 떨어질 만큼 놀랐었다.) 그러는 동안 L은 라이토가 그렇게 말했던 정의, 신세계의 신이 뭔지 생각해본다. 물론 이런 생각을 하는 건 아주 잠깐이다. 데스 노트에 이름을 적은 후 심장마비로 죽기까지 걸리는 사십 초보다도 짧을지 모른다. 그에게 이런 것들은 쓸데없는 생각이기 때문이다.

  다시 일어난 L은 평소처럼 쪼그려 앉는다. 이 상상을

하고 있는 나는 그가 좀더 쉬었으면 좋겠는데 L은 그럴 것 같지가 않다. L은 또 사건을 해결하기 시작한다. 자신이 틀리지 않았다고 생각하며. 대의도 명분도 정의감도 없이 오직 끝없는 의심과 타협하지 않는 추리, 그렇게 얻은 자기 확신만으로. 내가 아는 L은 이런 사람이다. 그러니 역시 그런 그가 절대로 틀릴 리 없다.

만화의 악마

"이쪽은 예전에 애니북스였던 출판사 문학동네입니다."
"문학동네?"
"네, 이전에 타츠키 선생님의 『룩 백』 오퍼 때 적극적으로 관심을 보였던……"

코로나로 시행된 거리 두기가 차츰 해제되기 시작한 2023년 봄, 마찬가지로 몇 년 만에 출장을 재개한 일본 출판사를 입사 후 처음으로 직접 방문했다. 3대 만화 출판사라 불리는 쇼가쿠칸, 슈에이샤, 고단샤 중에서 고단샤를 제외한 앞의 두 출판사를 만났는데,《주간 소년 점프》의 출판사이자 우리가 출간중인 '죠죠' 시리즈의 출판사인 슈에이샤와의 미팅에서 에이전시는 문학동네 만화 편집부를 그렇게 소개했다. '『룩 백』

오퍼 때 적극적으로 관심을 보였던'…… 적극적 관심. 내가 어떤 모습을 보였기에 적극적인 관심을 보였다고 하는 것일까? 실제론 난 당시 난 슈에이샤 본사인 도쿄 지요다구 히토쓰바시 2초메 5번 10호에 쳐들어가 이건 명령이야. 계약하겠다고 말해(『체인소맨』 74화의 마키마처럼)라고 엄포를 두고 온 적이 있다. 물론 거짓말이다. 외서 계약은 그런 식으로 이루어지지 않는다. 아무리 만화라 해도 말이다…… 그간 준비해본 적 없었던 구체적이고 장황한 기획서까지 첨부한 것이 그들 역시 기억에 남을 만큼 '적극적 관심'으로 느껴졌나보다. 쳇…… 오퍼는 떨어졌다.

『룩 백』은 만화에 대한 약간의 재능, 그러나 굉장한 자신감이 있는 천방지축 후지노와 엄청난 그림 실력을 지닌 은둔형 외톨이 쿄모토의 우정 이야기다. 시골 마을에 사는 후지노는 '고작' 학급신문에 직접 그린 네 컷 만화를 실으며 으스대는 것이 삶의 낙인 아이다. 그러나 쿄모토가 압도적인 실력으로 그린 풍경 묘사를 본 후 자신보다 잘 그리는 녀석이 있다는 걸 인정하지 못하고 결국 만화 그리기를 포기하려 한다. 그러던 어느 날 후지노는 학교에 오지 않는 쿄모토에게 졸업장을 전달하고 오라는 담임선생님의 부탁에 그의 집에 방문하게 된다. 후지노의 방문에 늘 처박혀 있던 방에서 뛰쳐나온 쿄모토는 그간 자신이 모아온 후지노의 만화를 보여주며 후지노 '선생님'의 팬이라고 밝힌다. 이를 본 후지노는 우쭐대던 마음을 넘어 좀더 진지하게, 그리고 쿄모토와 함께 만화를 그리기 시작한다.

 그날은 2021년 여름이었고, 재택 근무중이었고, 점심을 먹고 약간 나른해져서 잠시 손놓고 멍만 때리고 있었다. SNS에 접속했다가 타츠키가 『체인소 맨』 1부 연재 종료 후 그린 단편이 슈에이샤의 온라인 만화 잡지 《점프+》에 공개되었다는 소식을 보았다. 무려 140페이지. 갑자기 웬 단편이지, 『체인소 맨』 마치고 안 쉬나, 단편치고는 상당히 기네, 이거를 이렇게 한 방에 무료로 풀다니, 페이지 수 상관없는 온라인 매거진이라 가능한 일이야…… 같은 생각을 하며 잠도 깰 겸 읽어보기로 했다. 그리고 약 삼십 분 뒤 잠이 깨는 게 아니라 내 안에 뭔가가, 이를테면 십몇 년간 쌓아온 만화는 무릇 어때야 한다라는 주관, 요 몇 년 사이 만화를 편집하면서 갖게 되어버린 만화는 결국 이래야 한다라는 관성, 그런 만화에 대한 총체적인 것들이 박살나는 경험을 했다.

 처음 읽고 믿기지 않아서 바로 첫 장면으로 돌아가

다시 읽었다. 그리고 아무리 봐도 믿기지 않아서 또다시 읽었다. 그렇게 세 번 읽었을 때는 이제 그만 봐야겠다는 경보가 울렸다. 이 엄청난 충격이 닳을까봐, 자꾸 읽다가 질릴까봐 그만 보고 싶었다. 물론 그런 일은 이 글을 쓰고 있는 지금까지도 일어나지 않았다(이 글을 쓰기 위해 카페에서 『룩 백』을 휘리릭 읽어보다가 또 눈물이 맺혔다). 나도 살면서 많은 만화들을 봐온 편이고, 이제는 만화를 봐도 독자로서가 아닌 직업적인 시선으로 보게 된다. 이건 A 만화랑 C 만화를 섞었는데 나름 개성은 있네. 잘 팔릴 듯. 이 만화는 여성향도 아니고 남성향도 아니고 그렇다고 마스코트라고 내세우는 캐릭터가 귀여운지도 모르겠다, 난 재미없지만 잘 팔릴 듯. 모든 만화를 1권만 봐도 다 알겠다는 듯이, 팔리는 것과 아닌 것만 예측하며 보고 있었고 앞으론 딱히 어떤 만화를 봐도 새로울 건 없으리라 생각했다.

  그렇게 살면서 볼 건 다 본 것처럼 오만하게 굴고 있는 내게 『룩 백』이 경종을 울렸다. 여태까지 내가 본 만화들은 다 뭐였나 싶었다. 만화를 읽고 이렇게 좋은 것이 처음이었다. 지금까지 만화를 봐온 시간 중에 처음. 진짜 처음. 만화를 보면서 엄청 재밌고 좋았던 순간은 물론 무척 많았지만, 살면서 본 만화 중에서 『룩 백』과 함께한 시간이 모든 순간을 제치고 제일 좋았다.

『룩 백』에서 가장 좋아하는 장면으로 많은 사람들은 이 장면을 꼽는다. 후지노는 슬슬 만화를 그만두고 싶다. 자기보다 그림을 잘 그리는 녀석이 있는 것도 충격이고, 친구들도 자기를 오타쿠 취급하고, 친언니도 생활기록부에 남길 수 있는 가라테 같은 운동을 같이 배우러 다니자고 한다. 그런데 쿄모토만은 여전히 후지노는 만화의 천재이며 다음 만화도 너무나 보고 싶다고 말한다. 만화를 접을 생각이었던 후지노는 그런 쿄모토에게 실은 다음 작품을 구상중인데 다 그리면 보여주겠다며 호언장담한다.

집으로 돌아가는 길에 빗방울이 떨어지기 시작한다. 곧 장대비로 커지는 빗줄기 속에서 후지노는 너무 기쁜 나머지 막무가내로 춤을 춘다. 내 만화를 좋아하는 사람이 있다는 것. 누군가 내 다음 작품을 기다리고 있다는 것. 무엇보다도 모두가 이제 만화 같은 건 그만두라는데 이 좁은 시골 마을에서 나와 마찬가지로 만화를 좋아하고 그리고 싶어하는 단 한 명을 찾았다는 것. 그 웃는 것 같기도 하고 우는 것 같기도 한 후지노의 얼굴은 앞으로 무슨 일이 있어도 만화를 그릴 사람으로 보인다.

하지만 내가 가장 좋아하는 장면은 이것이다. 쿄모토와 후지노가 만나지 못한, 또다른 평행 세계 속 장면. 원래라면 둘의 인연이 시작되었을, 후지노가 쿄모토의 졸업장을 전달하러 온 날, 두 사람은 사소한 이유로 만나지 못한다. 그렇게 서로의 존재를 모른 채 살아가고, 쿄모토는 혼자서 그림을 그리며 마침내 미대생이 된다. 캠퍼스에 홀로 남아 있던 쿄모토에게 낯선 남자가 다가온다. 괴한은 자신이 인터넷에 올린 그림을 네가 따라 그리지 않았냐고 억지를 부리다가 공구를 휘두르며 위협을 가한다. 쿄모토가 죽는 건가 싶은 순간, 갑자기 후지노가 등장한다. '으랴압!!' 하는 기합과 함께 괴한을 향해 옆차기를 날리며. 그렇다. 그날 쿄모토를 만나지 못한 후지노는 만화를 접고 정말로 가라테의 길을 걸은 것이다.

왜 그런지 모르겠는데 『룩 백』에서 나는 이 장면이 가장 좋다. 쿄모토가 죽을까봐 조마조마했던 긴장이 풀리며 든 안도감 때문이기도 하겠지만 어이없음 때문이기도 하다. 후지노한테 묻고 싶다. 너 그때 그날로 만화 때려치우고 가라테 배우러 간 거였냐고, 가라테 배운다는 말 그냥 언니랑 지나가는 말로 나눈 농담 아니었냐고. 이런 극적인 상황에서 진짜로 가라테가 나올 줄이야. 딱 뭐 하나라고 이유를 꼽을 순 없지만 분명 눈물이 났다. 후지노는 어떤 방식으로든 쿄모토를 구해주고 쿄모토가 그림을 그릴 수 있는 세상을 만들어주는구나, 비록 두 사람이 같이 만화를 그리지 않는 세계에서도.

 그리고 이야기는 잔인하지만, 쿄모토가 괴한에게 죽은 진짜 세계로 돌아온다. 여기부터는 더이상 쿄모토가 만화를 그리지 않는 세계, 후지노 혼자서 만화를 그려야 하는 세계다. 그 세계에서도 후지노는 만화를 그린다. 하나도 재미없고 귀찮기만 하고 음침해 보이는데다, 온종일 그림을 그려도 완성되지 않는 만화를, 홀로 그려나간다. 그렇게 힘들면서 만화를 왜 그리는 거냐고 묻는 쿄모토의 물음을 떠올리며 나에겐 'ㅇ랴압!!' 하는 기합과 함께 옆차기로 쿄모토를 구해준 평행 세계의 후지노와 태블릿 PC 앞에 등을 구부리고 앉아 홀로 만화를 그리는 진짜 세계의 후지노가 다르지 않다. 어떤 세계에서든 어떤 방식으로든 쿄모토와 함께 만화를 그리고 있는 동일 인물이다.

 어떤 세계에서든 정해진 일은 반드시 일어난다는 평행 세계를 소재로 하는 이야기가 무릇 그렇듯 『룩 백』 역시 마찬가지다. 『룩 백』의 줄거리를 아주 간단히 설명해보라고 하면, 시골 마을에 사는 후지노와 쿄모토라는 두 아이가 만화를 그리면서 하나가 되어가는 이야기다. 한 명은 비록 먼저 떠나버리지만 남은 한 사람이 영원히 그 아이와 함께 만화를 그리는 이야기이고. 이렇게만 말하면 지금까지 '『룩 백』 정말 대단해, 얼마나 대단하냐면 진짜로 대단해' 하던 마음이 의심받을 것 같다. 줄거리만 보면 정말 별거 아니니까(양자경이 국세청에서 쿵후를 하는데 그게 인생에 큰 위로가 된다는, 영화 〈에브리씽 에브리웨어 올 앳 원스〉(2022)의 줄거리처럼). 이 짧은 단편이 반향을 일으킨 것은, 단순한 줄거리를 특별하게 만드는 후지모토 타츠키의 만화적 미학과 연출 덕분이다.

  후지모토 타츠키는 영화를 무척 좋아하는 것으로도 유명한데 『룩 백』을 보다보면 의성어·의태어 효과음이 없다는 점이 눈에 띈다. 한국은 일본 만화의 효과음을 모두 한국어로 번역하여 출간하는데, 해외판을 보면 의외로 많은 나라에서 원서의 효과음을 수정 없이 그대로 출간한다. 효과음은 만화에서 중요한 요소고, 작가의 '그림' 영역에 속한다고 여기기 때문에 가공하거나 교체하지 않는 것이다. 그런데 후지모토는 『룩 백』에서 의성어·의태어 효과음을 완전히 생략해두었다. 양면 재단선 끝까지 풀 컷으로 가득 채운, 후지노가 빗속에서 춤을 추는 장면에서도 그 흔한 '쏴아아' 의성어 한 글자 없다.

  효과음뿐만 아니라 대사 또한 마찬가지다. 후지노와 쿄모토가 함께 보내는 시간 속에서 대사는 나오지 않는다. 두 사람이 처음으로 함께 만화를 그리는 순간, 만화상을 탄 순간, 상금으로 시내에 놀러간 순간, 또다시 같이 만화를 그리는 순간, 만화를 좋아하는 서로의 마음과 서로를 좋아하는 마음을 확인하는 순간, 그냥 방바닥에 같이 누워 있는 순간, 이 모든 순간이 모인 시간의 흐름을 그리는 내내 별다른 대사는 없다. 효과음과 말풍선을 적극적으로 제한한 그림들을 연이어 읽다보면, 어느 순간 만화 속 그림들이 영화 화면 흘러가듯 보인다. 영화의 스틸 컷 혹은 스토리보드가 하나씩 지나가고 있는 듯한 느낌.

  대사나 효과음이 있었다면 오히려 두 요소가 풍경과 두 사람의 모습을 '가리고 있다'는 느낌을 주었을 것 같다. 이렇게 만화의 요소를 하나씩 생략하고 제외했음에도 『룩 백』은 만화다. 너무너무 만화다. '작가가 의도를 갖고 나열한 그림과 기타 형상들'이라는 만화의 정의 그 자체다. 어떤 세계에서도 서로를 구하고 구해주는 것이

약속된 후지노와 쿄모토의 세계에는 아주 많은 말이 필요 없다. 두 사람의 흥분과 벅찬 마음은 오히려 글자 하나 없는 그림 속에서 더욱 터질 것처럼 느껴진다.

　만화는 앞서 쓴 것처럼 작가의 의도대로 나열된 그림과 기타 형상들을 통해 독자로 하여금 다른 존재가 되어보고 다른 세상을 살아보게 해주는 예술이다. 내가 만화만큼 좋아하는 소설은 당연히 글로 모든 걸 묘사해야 한다. 시간이 어떻게 흐르는지, 인물이 어떻게 슬픈지, 공간이 바뀐다면 어떤 곳으로 이동하는지, 늘 글로 써서 묘사해야 하고 그렇기 때문에 강한 공감과 몰입, 복잡하고 섬세한 심리 체험이 가능하다. 반면에 만화는 작가가 훨씬 더 자유롭고 적극적인 장르다. 인물이 슬플 때 그걸 내레이션으로 직접 설명할 수도 있고(나는 배경 없이 백색 혹은 먹색 컷 안에 나열되어 있는 내레이션들의 흐름을 굉장히 좋아한다), 혹은 말풍선과 대사로 보여줄 수도 있고, 『룩 백』처럼 아무 말도 하지 않고 그림으로만 보여줄 수도 있다.

　나는 그래서 만화를 제일 좋아한다. 삶에는 많은 슬픔이 있다. 그것이 독백처럼 내 마음속에서만 들리는 날이 있고, 말풍선 속 대사처럼 말로 튀어나오는 날이 있고, 또 아무 말도 나오지 않는 날이 있는데 만화는 그 다양한 슬픔들을 종이 위에 읽을 수 있는 모습으로 형상화하려는 장르고, 때로는 한 번도 본 적 없는 새로운 모습으로 표현하려고 하는 장르이기 때문이다.

이후 후지모토 타츠키는 『안녕, 에리』라는 단편을 하나 더 발표한다. 아예 『안녕, 에리』에서는 작가 본인의 영화를 향한 사랑, 광기를 드러내기로 작정하는데(애초에 소년과 소녀가 만나 영화를 찍는 것이 이 만화의 줄거리다) 페이지 구성을 모든 크기가 동일한 네 컷으로 채우는 기행을 보여준다. 『룩백』만큼의 거대한 감동은 없지만 『안녕, 에리』에도 후지모토의 만화적 실험이 가득하다. 자꾸만 그가 만화로 '장난'을 칠 때마다 만화가 예술이라는 사실을 실감하며 고개를 끄덕이게 된다.

『파이어 펀치』때는 소년 만화를 볼 만큼 본 사람들이 내 만화를 보는 것 같다며 힙스터 만화가처럼 약간 뻐기는 것 같더니, 『체인소 맨』에서는 장기 파티를 열며 주요 등장인물을 모두 죽이는 '쿨한' 전개를 보여줘 나를 고통에 빠뜨리고, 이제는 이렇게 아름답고 눈부신 단편으로 내 눈시울을 붉혀준다. 이처럼 내적인 정반합이 모두 충족되니 이 만화의 악마가 나의 최애 작가가 될 수밖에. 당신이 쓰레기를 그려도 난 그저 읽을 것이다.

ന
3

이 만화가 대단하다! (왜?)

만화가 강세인 것으로 알려진 국내 모 인터넷 서점의 2022년 만화 분야 베스트셀러 1위는 와야마 야마 작가의 『여학교의 별』 1권이었다. 2위는 『여학교의 별』 2권, 3위는 같은 작가의 다른 작품 『가라오케 가자!』였다. 그해에 출간된 와야마 야마 작가의 만화 세 권이 1위부터 3위를 모두 차지한 것이다. 보통 만화 분야 베스트셀러는 슈에이샤의 굴지의 만화 잡지 《주간 소년 점프》에서 연재중인 만화(『주술회전』 『체인소 맨』 등) 혹은 근래에 애니메이션화를 통해서 인기를 끈 만화들(『던전밥』 『장송의 프리렌』 등)이 이름을 올린다. 『여학교의 별』은 인기 소년 만화지에서 연재중인 것도 아니고(『여학교의 별』은 쇼덴샤의 청년지 《FEEL YOUNG》에서 연재중이며 삼십대 이상 여성을 타깃으로 하는 잡지다)

정식 TV 애니메이션화 역시 아직이다.

　솔직히 『여학교의 별』이 왜 이렇게 인기가 많은지 정확한 이유는 의문이다. 기본적으로 저기압과 저혈압인 것 같은 국어 교사 호시, 정반대의 유쾌함과 살짝의 망신살을 겸비한 수학 교사 고바야시, 그리고 엉뚱하고 발랄한 여학생들의 학교생활이 이렇게까지? 대체 왜? 지금에서야 밝히지만 와야마 야마 작가의 첫 정발 단행본인 『빠졌어, 너에게』를 출간할 때까지만 해도 회사에서 단 한 명도 기대를 하지 않았다, 정말 단 한 명도⋯⋯(지금 와야마 야마 작가의 만화책을 초판 부록도 없이 사은품으로 스티커 500장만 준비하겠다고 하면 미쳤냐고 할 것이다.) 그런데 『여학교의 별』 1권을 기점으로 반응이 오기 시작해 『가라오케 가자!』 때는 뭔가 좀 큰 게 오는 것 같다 싶더니, 약 삼 주 뒤에 출간된 『여학교의 별』 2권부터는 완전한 흥행 가도를 타버렸다. 허나 외서의 기획부터 출간까지를 진행하면서도 '와야마 야마 작가의 만화들이 왜 베스트셀러가 되었는지'에 대한 나의 답은 '이건⋯⋯ 내 전공이 아니다'이다. 이 정도의 흥행을 예상하고 와야마 야마 작가의 작품을 기획해 출간했다면 차라리 작두를 타는 것이 맞을 것이다.

　베스트셀러의 흥행을 분석하는 것은 전혀 어렵지

않다. 모든 것이 이유가 될 수 있기 때문이다. 일본 현지에서 잘나가서, 수상 내역이 있어서, 개그가 웃겨서, 그림을 잘 그려서, 날이 좋아서, 날이 좋지 않아서……중요한 것은 그 이유를 다음에도 써먹을 수 있느냐. 미친듯이 제2의 와야마 야마를 찾아 헤맨 결과 알게 된 것은 와야마 야마는 오직 한 명이라는 사실이었다. 한 가지 분명한 것은 있다.『여학교의 별』은 만화 분야 한정 베스트셀러가 아니라 종합 베스트셀러다. 만화책이 이 정도로 잘나갔다면 기존 혹은 그 분야의 독자층뿐만 아니라 새로운 혹은 타 분야의 독자층까지 끌어들인 힘이 있었다는 뜻이고,『여학교의 별』이 단순히 만화 분야를 넘어(즉 볼 법한 사람은 다 보고) 평소에 만화를 주되게 읽지 않던 독자에게까지 읽혔다는 의미다.

『여학교의 별』이 포섭한 독자층을 둘로 나누어서 생각한다. 하나는 당연히 만화를 읽는 독자층. 만화 독자층은 콘크리트다. 다른 분야는 독자층이 많이 줄고 있지만 만화 독자들만은 언제나 그 자리에 있다. 신성우의 노래〈서시〉가사처럼. (물론 그 독자층이 항상 거기 서 있다고 했지 많다고 하진 않았다. 슬픈 이야기다.) 이들 중 일부는 일단 신간이 나오면 그것이 무엇이든 사서 본다. 왕궁의 모든 음식을 맛보는 기미 상궁처럼. 그리고 재밌으면 재밌다고, 내 두 눈으로 똑똑히 재밌는 거 봤다며 SNS에 올린다. 마치 신문물을 전도하듯, 맛집 내돈내산 인증하듯, 혹은 종종 간증하듯…… 이러한 바이럴의 수혜를 입기 시작하면 반응은 일파만파, '캡이 열린다'라고도 표현하는데 그때부터는 편집자와 마케터는 웃고 있으면 된다.

  물론 진짜 손놓고 웃고 있는단 이야기가 아니라, 편집자는 중쇄 준비를 하고 마케터는 서점의 주문량과 중쇄본 입고일을 체크하며 서점에 '품절' 상태가 걸리지 않도록 해야 한다. 즉 캡이 열리면 알아서 팔린다는 것인데, 쉬운 이야기처럼 들리나 이런 작품은 희귀하다. 재미없으면 절대 바이럴되지 않는다. 심지어 바이럴이 되어도 판매에는 아무 영향을 미치지 않을 때도 있다. 콘크리트처럼 단단, 아니 딱딱한 만화 독자 여러분들…… 허나 『빠졌어, 너에게』는 이분들의 마음을 뚫을 만큼 재밌었다. 특히 "감자, 참마, 고구마 같은 덩이줄기 채소를 좋아해서" "닉네임을 덩이줄기 삼형제"로 지었다는, 세상에서 가장 안 궁금한 정보를 떠들고 있는 소녀의 짤이 주체할 수 없이 과잉 정보를 떠들어본 적 있는 자들 사이에서 공감을 사 밈처럼 번지며 와야마 야마 작가의 존재감이 알려지기 시작했다.

그 이후 출간된 작가의 첫 장편 시리즈 『여학교의 별』은 밈의 신흥 보고로 자리잡은 듯하다. 『죠죠의 기묘한 모험』과 『헌터×헌터』라는 만화를 처음 읽었을 때 놀랐던 기억이 있다. 스스로의 한심함에 세상을 등지고 싶을 때마다 썼던 짤("죽자…… 내 자신의 의지로"), 무언가를 설명해야 할 때 외쳤던 말들(내 소개를 하지! 나는 참견하기 좋아하는 스피드 왜건!)(해적판의 대사가 더 알려져 있지만 우선은 자사 도서인 만큼 정발판의 대사를 쓴다. 불법 만화는 사라져야 한다)이 이 만화들에 모두 그려져 있었던 것이다. 내가 살면서 인터넷과 SNS에서 보아온 온갖 만화의 밈들이……

『여학교의 별』에도 그러한 장면들이 제법 있다. 아마 트위터를 기반으로 좋아하는 만화 이야기를 나누는(덕질을 하는) 이들이라면 한 번쯤 마주쳤을 장면일 텐데, 『여학교의 별』 1권의 장면이다. 호시는 합숙으로 자리를 비우게 된 군지 선생님의 부탁으로 강아지 세쓰코를 잠시 돌보게 된다. 호시가 담임으로 있는 반 학생들에게 세쓰코는 인기 폭발. 학생들은 세쓰코라는 번듯한 이름을 놔두고 '타피오카'라는 새 이름을 붙여가며 강아지를 잠시도 냅두지 않는다.

고바야시 선생님은 자기도 어릴 때 동네 사는 강아지의 얼굴에 매직으로 낙서를 하며 놀았던 기억이 있으나 고등학생쯤 되면 그런 장난은 치지 않을 것이라며 호시 선생님을 위로한다.

  그리고 교실로 돌아와 마주한 것은 눈 위에 애처로운 팔자 눈썹이 그려져 있는 세쓰코, 갑자기 너무 슬퍼 보이는 강아지가 된 세쓰코다. 어린애도 아니고 그런 덜떨어진 장난은 치지 않을 것이라는 이야기를 한 지 몇 페이지나 지났다고 호시에게 이런 시련이. 호시는 반 아이들에게 눈을 감고 이러한 장난을 친 사람, 혹은 가담한 사람은 손을 들라고 한다. 그리고 전원 거수. 누가 이런 덜떨어진 장난을 치는지 알게 된, 그러니까 자기가 담임으로 있는 반 학생들이 초등학생이나 칠 법한 장난을 쳤음을 알게 된 호시의 표정은 심란해 보인다.

  '××에게 ○○한 사람, 혹은 거기에 가담한 사람, 손드세요' '(잠시 뒤) 전원 거수'. 이 장면은 다양한 장르의 2차 창작으로 퍼져나갔다. 달재(『슬램덩크』)에게 눈썹 그린 사람 손드세요, △△(그날따라 눈썹이 이상하게 그려진 아이돌 멤버)에게 눈썹 그린 사람 손드세요…… 바이럴은 패러디를 낳고, 모두가 이해하며 웃고 있는 패러디와 밈을 자신도 알고 싶어진 독자들은

묻는다. '이 장면 무슨 만화에 나오나요?'

  두번째 독자는 만화를 평소에 보지 않던 이들이다. 이들을 사로잡는 것이 베스트셀러의 관건이다(물론 만화 독자라는 첫번째 관문을 넘어서지 못하면 이 독자층에 도달하기란 무척 힘들다). 대체로 이 독자층이 좋아하는 만화는 이런 작품들이다. 쓰루타니 가오리의 『툇마루에서 모든 것이 달라졌다』, 야마시타 토모코의 『위국일기』, 타카마츠 미사키의 『스킵과 로퍼』 등. 눈이 얼굴의 반만하다든지, 지나친 미형이라든지, 과장된 기호의 '모에' 그림체가 아니면서 인간의 솔직한 심리나 사랑스러운 면모를 부담 없이 담백하게 그려낸 군상극. 와야마 야마 작가의 만화 역시 그러하다. 등장인물들의 생김새는 정말로 주변에 있을 법하도록, '등신대'의 모습에 가깝게 묘사된다.

  이를 위해 옷차림 또한 지극히 현실적이다. 청바지나 캐주얼 티셔츠를 입을 수 없는 교사라는 직업의 특성상 스탠드칼라 셔츠만 입는 호시나 폴로셔츠만 주구장창 돌려 입는 고바야시부터, 1권 첫 장면 가가와가 실내화는 물론 양말마저 반쯤 벗어둔 채 책상에 엎드려 자고 있는 묘사까지(이 묘사는 정말 여고 시절의 풍경을 보는 듯했다). 또 교실 게시판에 달려 있는 자석을 성난 표정으로 배치해둔다든지, 복도 게시판에 붙은 'LGBT에 대해 알아보자'라는 포스터라든지, 지나가는 배경 또한 현실감을 자아내는 데 제 몫을 하고 있으며 무엇 하나 허투루 그린 것이 없다.

이렇게 여러 번 교정을 보는 동안 『여학교의 별』이란 만화가 대단하다고 느낀 지점이 있다면, 썩 회자된 에피소드는 아니지만 3권의 열세번째 에피소드다.

기말고사 기간. 학생들에겐 힘든 시간이지만 수업을 하지 않아도 되는 호시에겐 힐링의 시간이다. 이 에피소드에서는 호시가 한 교시 동안 시험 치르는 학생들을 감독하는 모습이 그려진다. 교사가 시험 치는 학생들에게 말을 거는 것도 아니고, 시험 보는 학생들이 선생님께 딱히 말을 걸 일도 없을 텐데 이 침묵 속의 한 교시는 무엇으로 채워져 있을까. 오직 호시의 독백뿐이다. 조용한 학생들 사이를 거니는 호시의 머릿속은 갖은 생각들이 꼬리를 물고 이어진다. 딸아이가 먹고 싶다는 요구르트를 사 가야겠군. 조금 비싼 요구르트를 사 간 적이 있는데 그뒤론 그것만 먹게 됐지. 그런데 야근하고 가면 그 마트는 빨리 문을 닫는 터라 빈손으로 돌아갈 것 같은데. 하물며 주관식을 내서 채점도 오래 걸릴 듯해. 생각해보니 옆자리 고바야시

선생님이 일할 때마다 미세하게 진동을 일으켜서 채점에 집중하는 게 영 힘들단 말이다. 아니, 남 탓하지 말자. 애초에 학교에 있는 동안 끝낼 수 있는 업무량이 아닌데. 근데 또 시험지는 교내 밖으로 반출은 안 된다 그러고. 아니 그냥 일은 많은데 사람은 적은 게 문제다······

또 불과 몇 페이지 사이에 사랑스러운 딸아이를 위한 요구르트 생각이 교육계의 고질적인 문제인 인력난 생각에 이르렀다. 마치 직장에 있는 우리의 모습 같지 않은가? 회사에 있는 동안에는 암만 '꿀 빠는' 일을 한다 해도 보수적인 조직 문화와 사회문제에 울컥하며, 결국 이 모든 불행이 고작 빨리 집에 가지 못해 벌어진 것이라는 생각에 다다르는 우리의 머릿속처럼······ 그리고 이렇게 털리는 노동자의 처우를 생각하는 와중, 손으론 고작 교실 게시판에 달린 자석으로 웃는 얼굴 표정이나 만들고 있는 '나'······ 이런 사람 진짜 있을 것 같지 않은가? 왜냐면 이런 사람이 '나'니까.

와야마 야마 작가는 침묵 속에 시험 감독중인 교사의 심정 묘사로 에피소드 하나를 채워내는 창작자다. 그리고 이런 진짜 있을 법한 '한 사람'에 대한 섬세한 묘사가 『여학교의 별』이 만화 독자를 넘어 수많은 이들에게 다가갈 수 있었던 매력이다(그런 의미에서 개인적으론

『여학교의 별』과 가장 닮은 만화는 아즈마 키요히코 작가의 『요츠바랑!』이지 않나 하는 생각을 한다).

  수많은 사람들이 찾는 만화에는 공감과 웃음이 있다. 배를 잡고 구르는 폭소보다는 모두를 무장 해제시켜버리는 힘에 가까운 공감과 웃음 말이다. 이는 오직 재밌는 만화만이 잘되며, 와야마 야마 작가의 만화는 그런 힘을 가진 재밌는 만화라는 뜻이다. 결국 원론에 가까운 이야기로 끝을 맺게 되어 무척 민망하지만 이것이 사실이다. 그래도 하나, 우리 반 친구들에게만 공개하는 비밀스러운 『여학교의 별』의 흥행 이유를 밝히겠습니다(여기부터는 백 퍼센트 뇌피셜입니다). 고바야시 선생님은 웃기고, 잘생겼고, 약간의 망신살이 있는 것도 인간미로 느껴지며, 수열 풀이를 좋아하는 이과남에 주말엔 넋 놓고 햄스터 영상을 보는 귀여운 남자란 말입니다. 이런 고바야시 선생님이 미혼인 반면, 고바야시 선생님의 교무실 옆자리에 매사 무표정한 얼굴로 앉아 있는, 붙임성도 사회성도 최소한으로 유지하는 게 목적인 듯한 호시 선생님은 기혼자입니다. 심지어 지금 삼십대 초반인데 일찍 결혼해 세 살배기 딸이 있는 아빠란 말이죠. 저는 이것이 『여학교의 별』에 대해 많은 것을 이야기해준다고 생각합니다.

아침에 싫었다가
점심에 좋았다가
저녁에 내가 쓰게 되는 것은?
에세이.

내 안에는 에세이를 대수롭지 않게 생각하고 소설과
시보다 경시하는 시선이 있었다. 대학에 다닐 때 소설과
시 창작 수업을 들었는데, 시 창작 강의에서는 매일 아침
여섯시에 일어나서 써라, 계속 써봐라, 그러다 잠시
멈추고 허공을 바라보다가 무언가가 오는 게 느껴지면
써라, 그런 다소 주술적이고 신비로운 작법을 배웠고
나는 매일 아침 여섯시에 일어나 '나는 생각한다, 고로
학교 가기 싫다……' 그런 심정을 시로 썼다가 개박살이
났다. 소설 창작 강의에서는 우리는 결국 인간에 대한
관심과 관찰, 그것으로 인간과 인간에 관한 이야기를
써야 한다는 이야기를 들었고 4주 차에 수강 철회를
했다. 하지만 이제는 왜 아침 여섯시에 일어나 글을
쓰라고 했는지 교수님의 깊은 뜻을 알게 되었다. 사람이

아침 여섯시에 일어나면 내가 왜 이러고 살아야 하는지 본질적인 물음에 닿게 된다.

  각설하고, 대학 시절 두 강의에서 배운 것은 시와 소설은 상징과 비유와 상상력으로 그려내는, 언제나 새로워야 하는 언어의 세계라는 사실이다. 아름답고 슬픈 인간 찬가, 그것이 문학이다. 반면 에세이는? 일단 수필 창작 수업도 없었거니와 시대를 휩쓸었던 열정 에세이(『천 번을 흔들려야 어른이 된다』…… 자네는 무엇을 흔들 것인가?)를 비롯해 속출하는 힐링 에세이, '괜찮아' 에세이, 퇴사 에세이를 보며 그냥 그건 본인만 즐거운 이야기를 쓴 거 아닌가 싶었다. 끽해야 조금 괜찮게 잘 쓴 일기 정도?

  그렇게 생각했던 나는 몇 년 후 바로 지금 에세이를 쓰고 있다. 심지어 끽해도 조금 괜찮게 잘 쓰지 못한 일기를. '셋쇼마루 동상을 세운다'라는 말이 있다. 다카하시 루미코의 대표작 『이누야샤』에는 인간을 몹시 싫어하는 요괴 셋쇼마루가 나오는데 그랬던 그가 정작 가장 사랑하고 아끼게 되는 존재는 인간인 린이다. 그래서 '에이, 나는 절대 그럴 리 없어!'라고 생각했던 것을 언젠가 하게 되었을 때, 혹은 좋아하게 되었을 때 '셋쇼마루 동상을 세운다'고 표현한다. 아 그니까 갑자기 무슨 셋쇼마루냐고, 이런 걸 왜 쓰고 있냐고…… 지금 나는 몇 년간에 걸친 업보를 톡톡히 치르고 있다.

합정에 정호영 셰프가 운영하는 〈카덴〉이라는 우동 가게가 있는데 그 가게를 두고 내가 항상 하는 이야기가 있다. 나는 내가 우동을 별로 좋아하지 않는 줄 알았는데 그게 아니라 정말로 잘 만든 맛있는 우동을 아직 못 먹어봤을 뿐이었다고. 〈카덴〉의 우동을 먹게 된 후 나는 우동을 좋아하게 되었다. 냉우동은 혁명적 음식이었다. 과장이 아닌 게, 늘 우동을 따뜻한 음식이라 생각했는데 〈카덴〉의 냉우동을 먹은 후로 나한테 우동은 차가운 음식이 되었을 정도다.

이렇듯 에세이를 썩 읽지 않았던 내가 에세이를 좋아하게 된 것도 좋은 에세이를 만나서였다. 지금은 좋아하는 에세이에 대해 이야기하라면 줄줄 읊을 수 있다. 출판사 마음산책에서 문고본으로도 나온 요네하라 마리의 음식 에세이 시리즈는 음식과 이국 생활을 좋아하는 독자들에게 무난히 추천하는 책이다. 특히 어른이 된 저자가 러시아에서 생활하던 시절의 세 친구를 찾아나서는 『프라하의 소녀시대』를 가장 좋아한다. 사랑에 대한 이야기는 많지만 우정에 대한 이야기는 귀하다. 『콤플렉스 프리즘』 『너의 변명은 최고의 예술』 등 일본 시인 사이하테 타히의 에세이도 좋다. 살면서 어딘가에, 혹은 사람들 사이에 제대로 섞여본 적 없고, 오히려 '꼭 섞여야 되는 거야? 왜?'라고 생각한 적이 있다면 타히의 에세이를 추천한다. 인간을 끔찍해하면서도 결국 그 끔찍하다고 생각했던 부분을 귀여워해버리고 마는 다정함, 무엇보다도 타히의 껄렁한 말투가 무척 매력적이다.

  어쩐지 일본 작가들의 에세이만 읽게 되는데 확실히 그게 맞다. 나는 일본 여성 작가들의 에세이가 세카이 이치방, 이 세상 최강이라 여긴다. 혹시 이런 주제에 대한 에세이가 있을까, 싶다면 일본 아마존에 검색해보기를 바란다. 일본 에세이에 다 있다. 모든 것이 있다. 혼기가 찬 삼십일 세의 BL 만화가가 결혼하기 위해 고군분투하는 이야기라든지…… 그중에서 일본 에세이를 논할 때 나는 이 사람의 이야기를 하지 않을 수 없다.

  나가타 카비는 '너무 외로워서 레즈비언 업소에 간 리포트'라는 제목의 에세이 만화로 혜성처럼 등장한 만화가다. 이게 무슨 내용이냐면 제목 그대로다. 고등학교 졸업 후 약 십 년. 너무 외로웠던 카비씨. (어쩐지 에세이를 읽고 나면 작가에게 내적 친밀감이 들어 이런 식으로 부르게 된다.) 섭식장애, 우울증,

무기력증 등으로 엉망진창의 인생을 살던 중 내 안의 금기시된 어떤 것을 깨보자는 파격적인 일탈이자 도전을 꿈꾸게 된다. 그것은 바로 섹스. 서른에 가까운 한 성인이 터부시했던 것이 섹스라니, 어쩐지 여기서부터 조금 눈물이 나기 시작하는데 카비씨는 남자는 뭔가 조금 무서우니 친절한 언니들이 일하는 풍속 업소를 이용하기로 한다.

  왜 나는 남자가 아니라 여성의 살결을 원할까? 카비씨는 실타래처럼 엉킨 자신의 마음을 풀어헤친다. 엉킨 곳을 풀 때마다 자신의 상처, 무심한 어머니와 해결하지 못한 감정의 숙원들이 튀어나온다. 이윽고 어느 정도 이 실타래의 끝이 보이기 시작한다. 풍속점에 이르게 된 것은 성적인 욕구 때문이 아니라, 그저 누군가의 진심이 담긴 따뜻한 포옹, 어머니처럼 절대적이고 무조건적인 애정을 담보한 존재의 묻지도 따지지도 않는 무한 '토닥임'을 원했기 때문임을. 이건 '남자랑 섹스하고 싶어!'보다도 더 말하기 힘든 고백이다. 너무 한 인간의 내면을 다 보여주는 것 아닌가요? 이렇게 본인의 모든 것을 다 말해줘도 되나?

  이 용기 덕에 카비씨는 『너무 외로워서 레즈비언 업소에 간 리포트』로 미국 하비 어워드 베스트 망가 부문 대상을 수상한다. 수상의 영광과 함께 누구보다도 카비씨의 행복과 안정을 바랐건만, 작가는 차기작 『나 혼자 교환일기』에서 『너무 외로워서 레즈비언 업소에 간 리포트』의 출간을 부모님께 알리고 부모님과 함께 사는 집에서 독립하기까지의 경험을 그린다.

  일본 에세이에는 카비씨처럼 파격적인 경험을 토대로 쓰는 에세이도 많지만, 정반대로 소소하지만 확실한 자신만의 행복을 그리는 일상 에세이도 많다. 바로 츠즈이씨의 에세이 만화가 그렇다. 츠즈이씨의 데뷔작이자 대표작 『동인녀 츠즈이씨』는 BL과 2차 창작을 좋아하는 작가와 친구들의 일상 이야기다. 하도 최애캐와 최애 커플에 대한 해석과 망상을 펼쳤더니 이것이 '공식 설정인지 자기 망상인지 기억을 더듬어보는' 지경에 이르거나, 서로를 미워하고 시기하고 죽이려 작정한 두 남성 캐릭터를 머릿속으로 '섹스 시키는 중'이거나, 최애캐의 공식 설정에서 공개된 신장 정보를 집 벽에 표시해두고 흐뭇해한다거나…… 소소하지만 확실……한가?

  모든 오타쿠가 츠즈이씨만큼 무언가를 좋아하거나 몰입하지는 않을 것이다. 그러기도 힘들다. 츠즈이씨의 이야기는 서브컬처에 대한 애호나 이해를 떠나 무언가를 열렬히 좋아하는 마음, 그리고 그 마음에 함께해주는 친구들과의 추억에 대한 이야기로 다가온다. 내가 생각했을 때 인생에서 가장 눈부신 시기는 내일 출근하지 않아도 되는 인간들이 모여 막무가내로 쓸데없는 짓을 할 때다. 『동인녀 츠즈이씨』는 그런 이야기다. 카비씨, 츠즈이씨의 에세이가 최고는 아니겠지만, 자신의 심연을 극단까지 마주하려는 정면돌파의 자세, 누구보다 인생을 즐겨주겠다는 태도의 이 두 여자만큼은 도저히 이길 수가 없겠단 생각이 든다. 나는 자신의 삶을 소설로 쓰는 아니 에르노가 노벨문학상을 받았다면, 카비씨와 츠즈이씨도 받을 만하다고 본다.

나의 에세이는 뭘까? 레즈비언 업소에 다녀온 경험담 같은 파격도 없고, 뭔가를 좋아하고 있기야 한데 딱히 그렇게, 막 즐거워 보이지도 않는다. 그래도 뭘 많이 읽고 보긴 했네요? 네, 그냥 살려고 발버둥친 거라고 보시면 돼요. 퇴근하고 지친 내가 할 수 있는 거라곤 누워서 끊임없이 읽고, 보고, 정말 개아름다운 작품이었어…… 그렇게 감동과 벅참에 휩싸여 잠에 들려다가 아니 근데 리바이는 왜 엘빈 대신 아르민을 살린…… 아니다, 그만 생각하자, 하는 것뿐이다. 이런 글이 모여 책으로 나온다는 사실이 두렵다. 이것은 글의 수준 문제가 아니라 종이가 되기 위해 베인 나무에 관한 환경 문제다.

   김애란 작가님이 산문집 『잊기 좋은 이름』의 북토크에서 했던 이야기가 있다. 대학 시절, 자취방에 펼쳐둔 이불 위에서 무언가를 읽고 있으면 그 이불이 꼭 자그마한 뗏목처럼 느껴졌는데, 마치 그것을 타고 어딘가로 여행을 떠나는 것 같았다고. 나는 어떤 이야기를 읽으면 그 이야기 속으로 푹 빠져 가라앉는다고 느낀다. 인간이 아는 바다는 오 퍼센트도 되지 않는다고 하는데 그 오 퍼센트를 넘어 구십오 퍼센트의 세계 속으로 잠수해 들어가 헤엄치는 기분이랄까. 누군가가 되고, 어딘가로 가고, 어떤 시대를 살아보는 이것이 어떻게 조그만 방 안에서 가능한지 놀랍고 신기하다.

   나는 가능하면 한 명이라도 많은 사람들을 뗏목에 태우거나 아예 깊은 물속에 빠뜨리고 싶다. 만화를 통해서 말이다. 위기에 빠진 지구를 구해보고, 가슴 시린 사랑도 해보고, 뜨거운 코트도 가르고, 가족의 복수도 해보고, 사람도 죽여보고, 도박도 해보고, 불륜도 해보고…… 뭐든 좋다. 이 글을 읽은 누군가가 정말로 만화책 한 권을 읽으러 간다면 더 바랄 것이 없겠다. 그것이 내가 나의 이야기를, 에세이를 쓰기로 한 이유다.

좀 긴데…… 괜찮겠어?

성인이 되고 처음으로 극장에서 본 성인영화가
개봉 십 주년 기념으로 재개봉한 박찬욱 감독의
〈올드보이〉(재개봉, 2013)였다. 막 수능이 끝났고
수험표 한 장만 있으면 온 세상이 나를 파격 세일가로
맞이해주었다. 영화관 할인을 야무지게 받았고, 십오 년
동안 군만두만 먹었다는 줄거리 외엔 아무것도 모른 채로
〈올드보이〉를 보러 갔다. 최민식이 유지태의 발바닥
아래에 엎드린 채 개 흉내를 내며 몸부림치는 장면에서
두 손 모아 기도드렸다. 감사합니다. 이런 엽기 영화를
볼 수 있음에 감사합니다. 하물며 모국어로 극장에서 볼
수 있다니. 〈올드보이〉를 보지 않았던 아무개는 죽고,
〈올드보이〉를 본 아무개가 이제 영화관 밖으로 나가 새
인생을 살아가려 합니다……

하지만 이제는 예전만큼 박찬욱 감독의 영화를 좋아하기가 힘들다. 그 감독과 영화를 좋아하고 소화하는 데 너무 많은 힘이 든다. '힘이 든다'는 게 다른 게 아니라 정말로 체력이 달린다는 뜻이다. 물리적인 체력이 후달린다. 뇌에 힘 쫙 뺀 채 아무 생각 없이 틀고, 웃긴 장면에서 웃고 울라고 하길래 울다보면 끝나 있는 영화가 있는 반면, 박찬욱 감독의 영화는 일단 보는 내내 긴장 상태다. 목에 담이 오겠다. 일단 그놈의 벽지부터 보는 내내 정신 사나워 죽겠다. 저 벽지에도 어떤 함의가? 벽지만 보고 있는 것도 아니다. 한 장면도 놓치지 않고 모든 장면에 담긴 감독의 의도를 읽어내야 한다(분명 같은 영화를 봤는데 다들 어떻게 그렇게 장면마다 숨겨진 의미를 찾아 해석하는 걸까).

    영화가 끝나고 나면 무슨 사람이 이런 영화를…… 미도는 앞으로…… 금자는 무엇을 위해…… 서래는 그렇게까지…… 사랑, 복수, 인생…… 존나 인생의 개쌍것들이 막 사람을…… 그렇게 며칠간 미쳐 있기. 이젠 힘들어서 무리다. 영화의 긴 러닝 타임도 마찬가지다. 하마구치 류스케 감독을 정말 좋아하지만 극장에 앉아 〈해피 아워〉(러닝 타임 삼백십칠 분)를 봤다가는 허리가 버티질 못할 것이다. 〈패왕별희〉를 다소 열악한 독립영화관에서 봤다가 눈물을 흘렸는데, 영화의 내용 때문인지 허리가 아파서인지 잘 모르겠다(둘 다일 것이다. 정말 아름다운 영화였다). 나는 러닝 타임이 백이십 분이 넘어가면 아무리 훌륭한 영화여도 별점을 하나 뺀다. 좋은 감독은 백 분 내외로 모든 걸 보여주는 감독이다.

  만화는 어떨까? 백이십 분이 어쩌고 했지만 만화야말로 짧게는 몇 년, 길게는 몇십 년을 연재한다. 『원피스』『명탐정 코난』『더 화이팅』 단행본은 각각 100권을 돌파했다. 요즘처럼 짧은 콘텐츠를 지향하고 숏폼이 유행인 시대에 감히 이 만화를 시작할 엄두를 낼 독자가 있을까 싶다. 웹툰도 그렇다. 장기 연재 웹툰은 여러 가지 이유로 중간에 이탈하는 독자가 문제인데, 너무 길어 섣불리 시작하기 어렵기에 신규 독자의 유입도 힘들다. 심지어 웹툰은 앉은 자리에서 휴대폰을 통해 무료로 볼 수 있는데도 말이다.

  요즘은 이러한 독자들의 감상 추세를 아는지 장기 연재를 지양하는 분위기가 느껴진다. 메가 히트작인 『귀멸의 칼날』도 생각보다 짧게, 23권으로 완결한 것을 보면 말이다. 하물며 『주술회전』은 2024년 점프 페스타에서 올해 말에 완결이 날 것이라고 발표했다.

나도 마찬가지다. 100화 이상의 웹툰, 30권 이상의 단행본 만화를 시작하려면 큰 각오가 필요하다. 한번은 같은 팀 후배님께 만화를 추천해달라고 했는데 50권짜리 작품을 추천해주길래 지금 나한테 대드는 건가 싶었다. (농담이고 나는 진심으로 우리 후배님을 너무너무 아끼고 존경한다. 하지만 그 만화를 언제 읽을 거냐는 물음엔 늘 '언젠가'라는 대답만 반복할 뿐이며……)

후배님과 함께 전 63권인 『죠죠의 기묘한 모험』을 읽은 적은 있다. 이것도 한 삼 개월 정도 걸린 것 같다. 솔직히 말해서 '죠죠'를 감상했다기보다는 그냥 교양서를 읽은 기분이다. 오타쿠로서 한 단계 성장한 이 기분. 이로써 나는 인터넷에 돌아다니는 만화 밈의 팔십오 퍼센트는 그 정확한 맥락을 알게 되었다. 좀 강해진 것 같기도 하다. 나 아직 63권짜리 장편 만화를 읽을 수 있는 사람이었어. 와라, 또다른 장편 만화들이여. 63권 밑으론 눈 하나 꿈쩍 않고 읽어주지…… 그러나 얼마 전에 큰맘 먹고 25권 분량의 『월드 트리거』라는 소년 판타지 만화를 세트 할인가로 구매해서 읽고 있는데, 등장인물이 워낙 많기도 하지만 캐릭터 이름을 10권이 넘도록 다 외우지 못해 그나마 자랑이었던 기억력조차 떨어진 건가 싶어 서글프다. 오호통재라.

한 사람이 소화할 수 있는 장편 만화를 진지하게 따져보자. 당연히 많은 만화를 읽으면 좋지만 보는 것엔 한계가 있다. 완벽하게 내 것으로 '감상'했다고 할 수 있을 만큼 집중해서 보기에는 체력도, 시간도, 무엇보다 돈도 부족하다. 그 유명한 '원나블'(『원피스』『나루토』『블리치』)만 해도 합치면 단행본 250권 분량이다. 권당 1,000원으로만 계산해도 영화 티켓값에 비하면 큰돈이다. 게다가 세상엔 만화 말고도 재밌는 게 얼마나 많은가? (물론 나한텐 만화가 제일 재밌다. 허나 이건 나 같은 놈의 사정일 뿐이다.) 시간이 금이고, 천정부지로 오르는 문화 비용에 엥겔지수만 높아지는 시민에게 재밌다는 이유로 대뜸 어마어마한 분량의 장편 만화를 보라고 할 순 없는 노릇이다.

연재하는 작가의 체력도 마찬가지다. 중간중간 휴재를 한다고 해도 한 작품을 몇십 년 동안 그린다니. 정말로 처음부터 그 정도 분량과 규모의 이야기를 계획하고 시작했는지도 의문이고, 모종의(어른의) 사정과 예기치 않은 이유로 이야기가 길어졌더라도 독자의 소화력과 집중력을 고려하며 기승전결에 맞추어 적정한 분량으로 작품을 매듭짓는 것도 작가의 능력이다. 오타쿠 친구들과 '『원피스』어디까지 보고 하차했어?'를 우스갯소리처럼 할 때마다 하는 생각이다.

  개인적으로 즐겁게 본 만화들은 대체로 10권대로, 20권 안쪽으로 끝난 만화들이 많았다. 작가도 독자도 그 정도 분량이 그리고 읽기에 가장 적당하지 않나 싶다. 물론 이 분량도 긴 독자들이 있고, 명작이라 불리는 여러 만화가 이보다 긴 것도 사실이다. 그래서 나는 만화를 추천해달라는 이야기를 들으면, 그리고 그가 정말 진지하게 만화 세계에 입문하고자 하는 뜻을 내비친다면 의뢰인의 현재 체력 상태, 만화를 읽는 이유와 시간대(퇴근 후, 주말, 출퇴근 이동 시간 등), 구매 예산, 종이책 또는 전자책 선호도 등을 묻는다. 재미는 당연한 거고, 작품을 감상할 수 있는 조건과 상황에 적절한 추천을 위해.

  우선 대부분의 현대인은 이러한 상태다.

체력 상태: 죽지 못해 산다.
독서 시간대: 퇴근 후. 재밌으면 주말에 제대로 읽기.
구매 예산: 삼만원~오만원대까지.
원고 상태: 부동산 문제로 가능한 한 전자책 희망.
분량: 20권 내 완결.

위 모든 조건을 만족하는 추천 만화다.

『아인』(전 17권)

사쿠라이 가몬의 『아인』은 '아인'이라 불리는 죽지 않는 존재들의 이야기다. 아인으로 판명된 인간은 격리 대상이 되는데, 실상은 끌려가 살상 무기 개발을 위한 인체 실험 같은 험한 꼴을 당한다. 뛰어난 두뇌와 염세적인 삶의 태도를 가진 주인공 나가이 케이는 하굣길에 교통사고로 자신이 아인이라는 사실을 알게 되고, 친구 카이토와 함께 도망친다. 하지만 일본뿐만 아니라 전 세계의 감시망을 피하기는 역부족이고, 그런 케이에게 사토라는 미친놈, 전직 군인 출신의 아인이 다가온다. 초월적인 전투 능력과 비틀린 사상을 가진 사토는 아인이 자유롭게 사는 새로운 국가, 신세계를 만들고자 한다. 사토는 케이를 구해주며 이 목표에 함께해달라고 제안한다. 그렇지만 인간이 저마다의 이상을 갖고 사는 것처럼, 아인도 저마다 바라는 삶은 다르다. 케이가 바라는 것은 오직 자신이 아인이라는 것을 몰랐던 시절처럼 지극히 평범한 삶이다. 사토의 제안을 거절한 케이는 국가면 국가, 아인이면 아인, 자신의 평범한 삶을 방해하는 모든 것들과 전쟁을 시작한다.

아인은 그저 자연사 외의 이유로는 죽지 않는 존재일 뿐이다. 케이의 신체 능력은 두뇌만큼 뛰어나지 않고, 또다른 아인 코우는 스스로 목숨을 끊으려다 실패해 비틀린 몸으로 방바닥에 엎드려 아사할 때까지만을 기다린 적이 있다. 아인은 인간이다. 무적이나 불사신이 아니다. 『아인』은 이 가차없는 사실을 통해 작품 내내 아인의 초월성과 한계를 동시에 보여준다.

'살고 싶다'는 일차원적인 욕구 앞에선 어떤 살아 있는 존재라도 처절해지기 마련이고, 그건 아무리 냉소적인 케이라도 마찬가지다. 아픈 여동생 때문에 의대를 가고 싶었던 케이는 정말로, 너무나 살고 싶다. 아인이 아니었던 날들처럼 평범한 삶을 살고 싶어 죽겠다. 하지만 케이는 자신의 삶을 엉망으로 만든, 자기가 아인이라는 사실을 원망하지 않는다. 아인이 아니었다면 차에 치인 그날, 그걸로 삶은 끝이었을 테니까. 그렇게는 죽고 싶지 않았으니까 자신이 아인이라는 사실을 단 한 번도 원망한 적 없다고 말하는 케이의 모습은 그저 삶을 바라는 인간의 모습, 인간 그 자체다.

할일을 하러 가는 인간의 이야기. 케이뿐만 아니라 뚜벅뚜벅 걸어갈 줄 아는 모든 인간들의 이야기. 재미가 없을 수 없다. 내 주변에 『아인』을 아직 안 읽은 사람이 있으면 놀라곤 한다. 내가 너한테 『아인』 추천을 안 했단 말이야? 『아인』은 여태까지 주변에 가장 많이 추천했던 만화고, 단 한 명에게도 재미없다는 소리를 들은 적 없는 극극극호의 만화, 추천 불패의 만화다. 여담이지만 이 만화는 원래 스토리 작가와 그림 작가가 따로 있었는데 스토리 작가가 초반에 탈주했다. 이에 그림 작가는 '까짓거 해보죠' 정신으로 혼자서 작품을 완결했다. 이 만화의 시작과 (무사)완결 자체가 인간 찬가다……

『모브 사이코 100』(전 16권)

보통의 소년 만화는 주인공이 전투력 레벨 1로 시작해 남다른 핏줄을 깨닫거나, 우연히 얻은 능력을 통해 수련하며 레벨 100으로 성장하는 이야기다. 그렇지만 종종 레벨 100에서 시작하는 만화들이 있다. 가장 유명한 것은 아라카와 히로무의 『강철의 연금술사』다. 주인공 에드워드 엘릭은 시작하자마자 국가 연금술사다. 이런 이야기들의 특징은 주인공이 육체적 강함, 전투력 상승을 목표로 하지 않는다는 것이다. 이미 이를 충족한 채 시작하기에 이들은 대신 다른 것을 추구한다. 이 강한 힘으로 무엇을 하고 싶은지, 비범한 능력으로 어떻게 살아야 하는지 말이다. ONE의 『모브 사이코 100』 역시 마찬가지다.

주인공 카게야마 시게오는 누구보다 강한 초능력을 가졌지만 '모브'(만화에서 특징이 없는 아무개 캐릭터를 이렇게 부르곤 한다)라고 불릴 만큼 용모도 평범하고, 성격도 수줍음이 많으며 내성적이다. 아니, 아예 감정의 발화점 자체가 낮다. 남들이라면 크게 희로애락을 느낄 만한 일도 모브는 시큰둥하다. 이러한 탓에 친구를 사귀는 것도 어렵고 츠보미라는 학생을 좋아하지만 어떻게 다가가야 할지도 모르는 상태다. 이놈의 초능력은, 있어봤자다. 사춘기의 고민에 빠진 모브는 초능력으로 영(靈)을 퇴치한다는 레이겐이라는 미친 자식, 자칭 영 능력자의 퇴마 사무소를 찾아가고 그와 함께 악령을 퇴치하며 성장해간다. 백 퍼센트의 감정을 향해.

『모브 사이코 100』은 사실 추천하기 머쓱할 만큼 유명한 만화다. 그럼에도 이 작품을 이야기하고 싶은 건 내가 여태까지 읽은 소년 만화 중 가장 애정 하는 장면이 나오기 때문이다. 6권 말미, 모브는 소설가가 꿈인 에미에게 고백을 받는다. 하굣길을 함께하며 에미가 쓴 소설을 읽어주는 사이가 되지만, 에미는 친구들과 벌칙이 걸린 내기에 져서 장난으로 고백한 것이라고 털어놓는다. 그렇게 두 사람은 헤어진다. 그러던 어느 날, 에미는 친구들로부터 자신의 소설에 대한 조롱 어린 평을 듣는다. 에미는 원고지를 찢어버리는 친구들에게 자기 역시 진심으로 쓴 소설이 아니라며 더 갈기갈기 찢어도 상관없다고 대꾸한다. 그때 나타난 모브는 찢어진 원고를 주우며 말한다. 나는 내 감정을 소중히 하기로 했고, 소중한 것을 주울 것이라고.

하지만 바람이 불어 찢긴 원고지들이 제멋대로 날아가버리자 에미는 이제 됐으니 그만해도 된다고 말한다. 그 순간 모브는 초능력으로 원고지를 모아 원래대로, 처음 쓴 그대로의 모습으로 돌이킨다. 그리고 자신의 비밀을 이야기한다. '난 초능력자야.' 이 세상에서 가장 특별한 능력으로 한 사람의 찢긴 꿈을 조각조각 맞추어 돌려주기. 더이상 강해질 데가 없을 만큼 강한 소년은 이런 식으로 성장한다. 삶에서 소중한 게 무엇인지 발견해가며. 이 장면은 내가 봐온 어떤 소년 만화보다 가장 소년 만화다운 장면이었다.

『아름다운 시절』(전 11권)

오사카 미에코의 『아름다운 시절』은 잡지 기자인

키레이가 일과 연애를 오가며 어른이 되어가는 이야기다. 앞선 만화들보다 줄거리가 너무 짧게 느껴진다고? 미친놈들도 안 나오고……? 그럴 만한 것이, 이 만화에선 키레이의 일상을 중심으로 우리 삶에도 으레 있을 법한 에피소드들이 이어진다. 예전에 좋아했던 친구의 결혼, 원치 않는 부서로의 발령, 이제는 너무 뜨거울 수 없는 새로운 연인과의 사랑 등, 서른이라는 나이에 겪을 수 있는 모든 고민이 녹아 있다.

이를테면 잡지에 실릴 아이돌의 사진을 찍느라, 자신의 자존심과 방향성을 굽혀야 하는 사진작가 요시모토의 이야기를 해보자. 요시모토는 상전 같은 아이돌의 맘에 들지 않으면 사진작가인 자신의 뜻과 상관없이 게재가 기각되고, 잡지가 나와도 촬영한 자신보다 아이돌만 조명받는 현실에 허무함을 느낀다. 그렇지만 요시모토는 어느 대기실 벽에 붙어 있는 영화배우의 포스터를 보고 깨닫는다. '어린애들은 어째서 사진을 방에 붙이는 걸까? 이런 작은 종잇조각에서 얼마나 큰 꿈이, 동경이, 신비한 파워가……' '당신의 방에 붙어 있는 꿈을 찍는 것이 나의 일입니다'.

키레이도, 요시모토도, 나도, 우리의 인생이 만화라면 이제는 소년 만화는 아닐 것이다. 어른인 내가 무슨 소년 만화 주인공도 아니고, 성숙이면 모를까 성장이라는 말은 낯간지럽다. 그래도 이만큼은 자신이 내려온 삶의 선택들을 긍정하고, 의미를 부여해봐도 되지 않을까. 우리도 언젠가 무언가가 되기를 선택해본 적이 있고, 어엿하진 않더라도 이 정도면 괜찮은 무언가가 된 어른들인데 말이다. 누군가 이 만화를 보면, 이렇게 친절하고 낭만적인 세상이 어딨어! 하는 생각을 할 수도 있다. 하지만 지금 나는 '퇴근 후' '죽지 못해 살고 있는' 현대인들에게 만화를 추천하고 있다. 퇴근 후, 이렇게 사는 게 맞나? 일? 연애? 꿈? 이걸 진짜 다 잘할 수 있나? 왜 이 나이를 먹고도 저중에 하나라도 잘하는 게 없나? 하고 비뚤어진 마음이 들 때, 무엇 하나 제대로 하는 거 없지만 괜찮게 살아가는 인물들의 이 이야기를 읽으면 된다.

단 한 문장, 한 장면만으로도 푹 빠져버리게 되는 만화들이 있다. 뒤 내용이나 결말이 어찌되든 상관없이 단 한 문장, 한 장면에 반해 단숨에 누군가의 인생 만화 한 자리를 차지하는 만화들. 『아름다운 시절』의 1권에 이런 문장이 나온다. '삼십 세란 나이는, 자신도 나이를 먹는다는 사실을 잊어버릴 정도로 어린애도 아니고, 자신도 어린애였다는 사실을 잊어버릴 정도로 어른도 아닌 나이.' 바쁜 나를 위해 누군가 내 일기를 대신 써주고 있었던 걸까. 이렇게 가슴에 날아와 박히는 문장을 읽을 때면 문득 깨닫는다. 잊고 있었는데, 나 내 인생의 주인공이었지……

착한 만화 나쁜 만화
따로 있나

무언가에 대해 '좋다'는 평가만큼 공허한 말이 없는 것 같다. 좋다? 뭐가 좋다는 걸까. 혹은 무엇에 좋다는 걸까. (만화에서 음이온이 나오는 것도 아니고.) 나는 여자의 가슴을 만지고 싶어하는 소년 덴지가 주인공인 『체인소 맨』을 좋아한다. 허허, 거 보기 드문 솔직한 주인공일세, 하고 좋은 만화라고 말할 수 있나? 『체인소 맨』이 애니메이션으로 방영되고 더욱 유명해지자 일부에서는 주인공이 가슴을 만지고 싶어하고, 주요 인물인 줄 알았던 캐릭터들이 잔인하게 사정없이 죽어나가며 그 과정에서 장기가 쏟아지는 것을 두고 부정적인 평가를 했는데, 그 말들만 보고 있으면 『체인소 맨』을 좋은 만화라고 하기에는 무리가 있어 보인다.

    이래서 나는 '좋다'라는 말이 싫다. 가슴 만지고

싶어하는 주인공, 전원 황천길행 예정인 조연 캐릭터들, 장기 파티가 나오는 '이런 만화'가 나쁜 걸까? 당연히 『체인소 맨』을 다가오는 명절, 온 가족이 모여 보기 좋은 만화로 권장할 수 없다는 것은 안다. 전국 중고등학교 학급문고에 『체인소 맨』를 비치할 수도 없겠지. (내가 선생님이라면 비치할 거지만.) 다만 나쁘다면 무엇에 해악과 악영향을 끼쳤는지 이야기할 필요가 있다고 생각한다. 당장 그걸 설명하기 어렵다면, 나쁜 만화의 반대항으로 상정된 '좋은 만화'에 대해 먼저 생각해볼까.

항상 그게 궁금하다. 좋은 만화란 무엇인가. 말마따나 온 가족이 모이는 명절에 보기 좋은 만화? 내 평생 본 만화 중에 온 가족에게 추천하고 싶은 만화가 있는지 떠올려보았는데 일단 온 가족이 모여 만화를 보는 모습을 상상하는 것부터 약간 토할 것 같은 기분이다.

문화체육관광부가 주최하고 한국만화영상진흥원이 주관하는 '오늘의 우리만화상'이라는 상이 있다. 일 년에 한 번, 가을쯤 웹툰과 출판 만화 중 다섯 작품을 선정하는데 부천만화대상을 비롯해 한국에 얼마 없는 이름난 만화상이라는 점에서 매년 주목할 수밖에 없다. 그래! 공신력과 권위가 있는 기관에서 선정하는 만화는 좋은 만화일 거야! 라고 말할 수 있을까? 물론 '있다'.

선정 기준과 전문적인 심사위원이 있고, 1999년부터 오랜 시간 운영되어온 상이다. 그런데 뭐랄까. 공로상 한 작품. 성별과 세대 불문 대중적으로 보기 좋은 '모범 웹툰' 둘. 그리고 왠지 모르게 '기특하다'라는 말이 절로 나오는 신인 만화가의 작품 둘. 이런 쿼터제로 다섯 작품을 선정하고 있다는 인상이다. 독자들의 랭킹과 온전한 상업적 재미와는 조금 동떨어져 있지 않나 하는.

 일본에도 다양한 만화상이 있지만 만화 독자들의 이목이 단연 집중되는 것은 '이 만화가 대단하다!'라는 랭킹이다. 출판사 다카라지마샤가 주관하고 오늘의 우리만화상처럼 가을과 연말 사이에 발표된다. 앞서 언급한 『체인소 맨』역시 2021년 이 랭킹의 1위를 차지한 적이 있고, 2023년에는 『히카루가 죽은 여름』이 1위를 차지했다. 변태 만화……가 아니라 이색 만화 트로이카 『던전밥』『골든 카무이』『비스타즈』도 1, 2위에 이름을 올린 적이 있고, 디스토피아, 초능력, 괴물 등 무난한 어드벤처 소년 만화적 소재와 전개에 사실은 주인공의 ××가 ○○ ○○의 ××이었다는 충격적인 전개를 끼얹은 이시구로 마사카즈의 오컬트 SF 만화 『천국대마경』이 2019년 이 랭킹의 1위를 차지했었다.

 '이 만화가 대단하다!'를 주목하는 것은 이 랭킹이

재미와 체감 인기의 지표로 느껴지기 때문이다. 한 해 동안 가장 많이 언급된 만화, 큰 화제가 된 만화, 그해 독자들에게 가장 새로운 재미, 신선한 충격을 선사한 만화가 이 랭킹에 이름을 올린다. (물론 매년 그런 건 아니다. 갸우뚱할 때도 있다.) 그래서 남성 부문, 여성 부문을 나누어 총 10위까지 발표하는 이 랭킹에서 수많은 만화들이 치열한 각축전을 벌인다. 한국에도 이런 것이 있다면 최강자를 목표로 하는 주인공 주지태의 비뚤어진 격투를 그린 〈격기3반〉이 남성 부문 1위, 세계적인 인기를 얻고 있는 동양풍 BL 만화 〈야화첩〉이 여성 부문 1위에 이름을 올리지 않을까.

두 나라의 만화상을 비교하자니 오늘의 우리만화상에 마치 반기를 드는 것 같지만, 매해 이 상을 받는 만화를 보면 더할 나위 없이 훌륭한 작품들이라고 진심으로 고개를 끄덕이게 된다. 오랜 시간 꾸준히 재미와 시의성을 유지하며 완결한 작품은 인정받아 마땅하고, 매일 수없이 많은 작품이 쏟아지는 웹툰과 만화 분야에서 누구나 재밌게 볼 수 있는 작품은 귀하다. 신예 작가의 작품을 조명하는 것도 의의가 깊다. 자극적인 재미와 쉽고 빠른 사이다 전개 등을 넘어 유의미한 메시지를 전하려는 만화들. 누구라도 읽기 좋고, 누구에게라도 추천하기 좋고, 그렇게 모두가 공감할 수 있는 만화들. 재미는 물론 뜻깊은 주제에 닿아 있는, 대중성보다도 보편성을 갖고 있는 만화들. 피땀 눈물, 권선징악, 사필귀정, 세계 평화, 권리 증진…… 어찌 보면 고리타분하고 유구하다 할 수 있는 주제를 시대에 맞추어 새롭게 다루어내며, 쉽게 냉소하지 않는 작품들을 언제나 응원한다. 이들이 좋은 만화라는 데는 아무런 이견이 없지만 우선은 '우수 만화' 혹은 '착한 만화'라고 부르고 싶다.

그럼 〈격기3반〉〈야화첩〉은 어쩔까. 이 만화들은 왜 오늘의 우리만화상에 선정되지 않는 걸까? (이참에 상을 좀더 만들었으면 좋겠다.) 이 만화들은 '나쁠지도' 모른다. 툭하면 사람 패고, 걸핏하면 섹스한다. 갖은 욕설과 주요 신체 부위들이 수시로 나온다. 온 가족이 모여 봤다간 큰일난다.

하지만 이런 만화 그리는 건 어디 쉬운 일인가? 액션 및 전투 장면을 잘 그리는 건 프로 만화가들에게도 어려운 일이다. 액션과 전투 장면이 대부분인 소년 만화를 연재하는 일본의 만화가들도 종종 '○○ 작가는 싸우는 거 못 그린다'라는 이야기를 듣곤 한다. (하루는 버스에서 웹툰을 읽던 남자 고등학생이 연속으로 이어지는 액션 장면의 스크롤을 단 일 초 만에 내리는 것을 보고 헉했던 적이 있다. 오늘 당신이 허투루 스크롤을 내린 그 장면은 어제 작가님의 손목이 아작 나며 그린 장면이다……)

 이성, 하물며 동성 사이의 섹스를 그리는 것도 만만치 않다. 취향도 알 수 없는 뭇 여성들을 흥분하게 만드는 그림과 스토리를 만들어야 한다니. '꼴린다'는 건 인간의 몸에서 일어나는 어떤 물리적이고 신체적인 작용 아닌가. 그러한 본능적인 신체적 변화를 촉발시켜야 하는 이 땅의 야망가 작가들은 창작자이기도 하지만 어떻게 보면 물리치료사에 가까운 직업이 아닐지…… 무엇 하나 쉽게 그려지는 만화는 없다. 빛은 어둠이 있기에 존재하고, 착한 만화가 있다면 나쁜 만화도 있는 법. 아니, 나쁜 만화가 있기에 착한 만화도 있는 법. 그러니 온 가족이 보긴커녕 가족에게 들켰다가는 큰일날 만화를 기록해볼까. 〈다음 글에서 계속!!★☆〉

빨은 만화라니

빛은 어둠이 있기에 존재하고, 착한 만화가 있다면
나쁜 만화도 있는 법. 그리하여 이 글에서는 나쁜
만화에 대해 이야기해보겠다. 나쁜 만화란 무엇일까?
좋은 만화를 논할 때보단 쉬워 보인다. SNS(정확히는
트위터)를 보면 어떤 만화가 재밌다고 회자됨과 동시에
얼마 뒤 그 만화가 얼마나 유해한지 이야기하는 글들이
잇달아 터져나온다. 이때 나쁘다는 말은 '빨았다'라는
말로 표현된다. 보통 정치적으로 올바르지 않은 것을
'빨았다'라고 한다. 빨았다는 기준에는 여러 가지가
있지만 가장 많이 언급되는 건 역시 대상화. 그렇다.
실로 그러하다. 여자 캐릭터를 대상화하는 만화는 빨은
만화다. 약자와 소수자를 조롱하거나 수단으로 여기고,
객체로 전락시키는 만화 또한 마찬가지다.

허나 여기부턴 빻은 만화, 저기까지는 아직 안 빻은 만화라고 말할 수 있는 '여기' '저기'의 기준이나 경계는 역시, 물론, 당연히 없다. 있으면 다들 매일같이 그렇게 싸울 리가 없다. 어떤 독자는 여자 캐릭터가 작중 다른 남자 캐릭터와 비교했을 때 얼마나 주요한 역할을 수행하는지로 판단하고, 다른 독자는 여자 캐릭터가 입체적인 변화를 겪으며 성장하는지를 주의 깊게 살피기도 한다. 이 기준은 시대마다 달라지고, 작가가 여성이라고 해서 피할 수 있는 문제도 아니다. 『새의 선물』 100쇄 기념 인터뷰에서 은희경 작가님은 '앉은뱅이책상' 등 장애나 여성을 비하하는 표현을 수정했다고 밝혔다. 만화 분야는 텍스트와 그림이 함께하다보니 구체적이고 대대적인 수정은 어렵지만 『노다메 칸타빌레』로 유명한 니노미야 토모코 또한 '이전에 그린 만화라 현시대에 읽었을 때 문제의 소지가 있을 수 있다'며 작품의 신장판 작업을 위해 툭하면 주인공 노다메를 성희롱하던 교수의 작화를 일부 수정했다.

   이러한 가필과 수정은 작가 본인의 성장을 비롯해 성숙해졌다고, 혹은 예민해졌다고 할 수도 있는, 변화한 시대의 부름에 응하는 행보며 필요한 작업이다. 작품의 저작권자인 작가가 그러길 원한다면 더더욱. (위에 언급한 두 작가 외에도 이러한 작업을 하는 대다수는 어째선지 대부분이 여성 작가다.) 그렇지만 이전에 『새의 선물』과 『노다메 칸타빌레』를 읽었고, 지금 수정된 두 작품을 읽고 있는 나는 이런 생각이 든다. 잘못된 모든 것은 꼭 지워져야만 하는 걸까? 시대상에 따라 잘못되었다고 판단되는 모든 것은 존재해서는 안 되는 걸까? 그것을 지우고, 씻어내고, 앞으로 안 볼 수 있게 된다면 그걸로 끝인 걸까? 그리고 그 과정을 거치면 나빴던 게 다시 좋은 작품이 되는 걸까? 잘못된 것을 잘못된 채로 내버려둘 수 없는 걸까?

데즈카 오사무의 만화 단행본 맨 끝에는 다음과 같은 안내 문구가 수록되어 있다. '이 작품엔 흑인과 일부 외국인에 대한 인종차별을 비롯해 패러디 과정에서 다소의 과장이 포함되어 있다.' 작품은 그대로 둔 채 이 만화 속에 문제가 되는 표현이 있음을 알려준다. 마찬가지로 1990년대에 『언플러그드 보이』 『오디션』 『DVD』부터 오늘날 『좋아하면 울리는』까지 시대를 아우르며 작품 활동을 하고 있는 천계영 작가님 또한 자신이 오래전 연재한 작품들이 당대의 부적절한 사고를 반영하고 있으며, 작품 속에 차별과 혐오적 표현이 있음을 안내했다. 오류를 바로잡는 데 어떤 방식만이 옳다고 이야기할 수 없고 작품마다 적합한 방식과 작가가 내린 선택이 있을 것이다. 하지만 데즈카 오사무와 천계영 작가님의 방식이 내게 와닿는 이유는 잘못된 것을 잘못된 채로 내버려두는 것이 후대에 전하는 반성과 성숙의 메시지로 느껴지기 때문이다.

나는 이렇게 틀렸으니까 이제는 더이상 틀려선 안 된다고. 어쩌면 두 작가의 안내는 경고일 수도 있겠다. 그러니 그들이 용기 있게 남겨둔 흔적을 보고 '와, 이거 개빻았다'라고 읽을 수 있는 경험도 필요하다고 생각한다. 누군가 바로잡아준 오류를 인식하는 것만큼이나 스스로가 직접 보고 느끼며 잘못을 분간하고 인식할 수 있는 과정도 필요하다. 매끄럽고 위생적이며 아무런 불편함도 없는 무균 상태의 세상 속에서 면역력과 사리 분별 능력은 길러지지 않는다. 어떤 음식에 알레르기가 있는 걸 아는 법은 그 음식을 먹어보는 것 말곤 없는 것처럼. 옳은 건 그른 것도 보아야 알 수 있다.

돌아와 '빻은 만화' 이야기를 좀더 해보자. 빻았다는 말을 듣는 작품에는 단순 표현을 넘어, 특정 소재나 인물 관계를 다룬 것들도 있다. 이를테면 불륜, 근친상간, 성인과 미성년자의 사랑(이하 '성인미자')…… 그렇다.

실로 그렇다. 불륜은 가정과 인간 사이의 신뢰를 무너뜨리는 짓이다. 근친상간은 기형을 유발하는 유전적 위험이 있다. 성인이 미성년자를 범하는 건 다소 반인륜적이고 물리적인 방법이라도 괜찮으니 재기가 어려울 정도로 엄히 다스려야 한다.

……라고 생각하며 얼마 전 시오타 선생님과 그의 제자 아마이의 좌충우돌 비밀 연애를 그린 만화『시오타 선생님과 아마이 양』을 읽었다. 열세 살 차이의 성인 교사와 미성년자 학생의 사랑 이야기. 그들을 흐뭇한 미소로 귀여워하며 최신간의 마지막 장을 덮은 내가 징그러워 죽는 줄 알았다. 딱히 내 안의 모순성 때문은 아니다. 그냥 시오타 선생님과 내가 동년배라는 점이 징그러웠다. 앞으로 나아가는 시대만큼이나 나를 천천히 피할 수 없는 죽음과 나이듦으로 인도하는, 멈추지 않는 시간의 흐름이 징글징글했을 뿐이다. 그러니 시오타 선생님과 아마이는 변하지 않고 흐르지도 않는 만화 속에서 영원히 둘만의 사랑을 키워가며 행복했으면 좋겠다. 오직 부디 제발 '만화 속'에서만.

요는 '만화 속에서'다. 현실에서 그런 드러운 짓 하면 안 되니까 픽션 속에서 가장 애절하고 아름다운 것이다. 불륜과 근친상간도 현실에서 했다간 큰일나는 용납 불가한 짓들이니까 허구의 세상 속에서만 가능하고 그 속에서야 비로소 최고로 아름다울 수 있는 것이다. (현실에서의 불륜과 근친상간 역시 픽션만큼이나 아름답다고 생각하는 사람도 있을 수 있다. 그건 가정법원이나 가족과 이야기하시면 된다.) 그리고 이런 만화들은 아주 거칠고 단순한 기준으로 보자면 모두 빻은 만화다. 불륜, 근친상간, 성인미자는 말 보탤 것 없이 도덕적으로 그른 것, 빻은 것들이 맞으니까.

아 근데 어떡하지? 이런 거 너무 재밌는데 어떡하지? 도덕적으로 올바르지 않은 상황에 한없이 유약한 인간들을 놓아두고, 그들이 머리 싸매며 이성의 끈을 놓지 않으려 해도 결국 자신의 욕망이 가리키는 가장 드러운 선택을 하는 것이, 천 갈래 만 갈래로 가슴이 찢어져도 전쟁 같은 사랑과 파멸의 길을 걸어가는 주인공이, 사랑받고 싶고 사랑하고 싶어서 온갖 생쇼를 하는 주인공이, (특히 여자일 때) 너무 재밌는데 어떡하지??

그런 마음으로 10월 21일, 볕 좋은 가을날 오후 평소 알고만 지내던 S 작가님께 DM을 보냈다. 그날을 기억하는 이유는 공교롭게도 10월 21일이 경찰의 날이기 때문이다.

작가님, 안녕하세요.

근친, 불륜, 성인미자, 신성모독, 자살, 인육.

혹시 이와 같은 것에 대해서 어찌 생각하시나요?

답장이 왔다.

만화 그릴 때 최소 하나 이상은 넣고 싶은 것들이죠^^

오직 재밌는 만화만이
살아남는다

S 작가의 정체는 웹툰 〈그녀의 사적인 날들〉을 연재하고 단편 〈선생님의 은혜〉를 그린 성인 만화가, 스미마 작가님이다. 작가님이 자신을 소개하는 '성인 만화가'라는 호칭이 좋다. 나는 청소년 이용 불가 콘텐츠를 '십구금'이라고 부르는 것을 썩 좋아하지 않는다. 특정 나이 미만의 사람들이 보지 못한다는 규정은 단순 규정일 뿐인데 왜 성인 이상이 볼 수 있는 콘텐츠를 가리키는 데에 사용하는 건지. 창작자들은 청소년이 보지 못하는 작품을 만든 게 아니라 성인을 위한 작품을 만든 것이지 않나. '성인물'이라고 하는 게 더욱 확실하고 당당하고 건전해 보여서 좋다. 성인이니까 성인물을 보겠다.

  성인을 위한 만화를 그리는 성인 만화가 스미마

작가님이 그린 만화는 변태들 이야기인데 종종 병든 정신 상태의 사람들 이야기라서 좋다. 보고 있으면 야하다는 생각도 들지만 다들 좀 딱하기도 하고 미쳤구나 싶기도 하다. 얼마 전에는 작가님의 BL 단편 〈쓰레기집에 어서 오세요!〉를 읽었다. 어린 시절에는 평범하게 친한 친구였으나 한 명은 양아치, 한 명은 찌질한 남자로 자란다. 그렇게 삶이 어긋난 두 남자가 우연히 온라인으로 다시 만나 양아치가 사는 쓰레기장 같은 집에서 섹스하는 이야기다. 성인 만화, BL이라는 장르를 넘어서 스미마 작가님의 만화에서는 늘 묘한 문학성을 느낀다. (진짜다.) 눈앞에 펼쳐진 쓰레기장같이 더러운 집에서, 지금과는 너무 다른 어린 날의 기억들을 떠올리며 섹스하고 있는 수. 공은 그런 수의 눈을 가려주면서 말한다. "보지 마. 안 보면 없어져." 보고픈 마음 호수만하니 눈을 감을 수밖에 없다는 시가 떠오른다. 쓰레기장 같은 집안과 형편없는 인생은 바뀌지 않고, 바꿀 수도 없다. 그 좆같은 마음 호수만하니 그냥 눈감을밖에⋯⋯

  성인물의 즐거움은 인간이 욕망 앞에 얼마나 추잡하고 나약하고 별것 아닌 존재인지 느껴지는 데서 오는 게 아닐까. 가끔은 이런 것을 돈만 내면 이렇게 집에서 휴대폰으로 쉽게 바로 볼 수 있다는 사실이 신기하고 이래도 되나 싶다. 문명이 아무리 발달해도 이런 걸. 이렇게 막바로. 내가 어디 사는 어떤 누군지 알고, 이런 거 보고 무슨 짓을 벌일지 알고 막. 물론 된다. 엄청 된다. 성인이 성인물을 보는 것이다.

천군만마 같은 스미마 작가님을 시작으로 내 머릿속에 떠오른 올스타전 같은 조합이 있었다. 딱 두 작가님을 더 모아 함께하고 싶었다. 역시나 '성인 만화가'라고 하면 떠오르는 바로 그분.

BL 웹툰 〈음파음파〉부터 최근 네이버웹툰에서 성인 웹툰 〈하자인간〉을 연재중인 안나래 작가님의 그림체를 정말 좋아한다. 특히 입술. 만화가들이 그린 인물 그림엔 당연히 작가의 개성이 드러나는 특징들이 있다. 이를테면 순정 만화가 카와치 하루카가 그리는 남자 주인공의 눈꺼풀. 눈꺼풀 위에 선 하나 그었을 뿐인데 리디광공▌ 그림체보다 약 백배 정도 섹시하다. 유약하지만 꿋꿋하게 나아가기 위해 노력하는 우미노 치카 만화 속 캐릭터들의 볼 위에 빗금 몇 줄로 표현된 홍조 역시 좋아한다. 안나래 작가님의

▌전자책 서비스·웹툰과 웹소설 플랫폼인 '리디'에서 연재되는 BL 웹툰의 '공' 캐릭터에서 주로 발견되는 일관된 특성, '과한 집착' '탄탄한 피지컬' '넘치는 재력' 등을 가진 인물상을 '리디광공'이라고 부른다.

경우는 입술이 그렇다. 입 아래 입의 입구보다 조금 짧은 선을 그려 넣어서 도톰한 입술을 묘사하는데, '뇨' 하고 발음하는 듯한 입 모양은 흑백으로 보아도 매력적이지만 채색된 걸 보면 더욱 기가 막힌다. 카와치 하루카 만화 속 캐릭터들은 다 약간은 피곤하고 나른한 저기압 인간으로 보이고 우미노 치카가 그리는 캐릭터들은 숫기는 없지만 솔직한 표정을 지을 줄 아는 순수한 사람 같다. 안나래 작가님이 그리는 인물들은 사람의 음심(淫心)을 건드릴 사연 하나씩 가진 것처럼 생겼다. 그림만 보아도 사람 이상한 기분 들게 하는 작가님께 메일을 보냈다.

> 안나래 작가님, 안녕하세요? 처음 뵙겠습니다.
> 근친상간, 불륜, 신성모독, 복수……
> (어쩌고저쩌고)……
> 눈치보지 말고 도덕적으로 문제 있는 이야기를
> 그려주시면 됩니다.

답장이 왔다.

> 마침 몇 년 전부터 쓰고 싶었지만 주변에서
> '너무 빻았다……'라는 이야기를 들은 스토리가

있었습니다. 언제 어디서 이 내용을 풀어볼 수
있을까 안타까워하고 있었는데 기회가 온 것
같습니다.

  가끔 너무 벅찬 일을 겪으면 그 순간이나 상황을 만화 속 장면으로 치환해서 생각하는데, 만약 이 책을 만드는 과정이 한 편의 만화라면 안나래 작가님께 답장을 받은 장면이 가장 명장면일 것이다. 작가님의 말마따나 기회가 왔고 이제 한 분이 남았다. 스미마, 안나래 작가님의 작품을 보면 '나쁜 만화'라는 기획 의도와 달리 그저 순수하게 재밌다고만 느낄 수 있다. 하지만 이분의 이름을 보면 단번에 알 수 있을 것이다. 아, 정말 나쁜 만화들이 모였나보다.
  김달 작가님은 내게 조금 특별한 작가님이다. 만화 편집부에 입사하고 첫 주의 과제는 사무실에 있는 만화책과 웹툰을 자유롭게, 닥치는 대로 읽는 것이었다. 정말 힘겨울 정도로 만화를 읽은 한 주가 지나고 내게 주어진 첫 업무는 김달 작가님의 웹툰 〈달의 상자〉 원고 타이핑 작업이었다. 처음으로 주어진 업무에 신도 났었고 만화 보면서 일을 하는데 돈도 준다는 사실에 감격하며 〈달의 상자〉의 대사를 치기 시작했다. 그리고 생각했다.

나 이런 만화 처음 봐……

〈달의 상자〉는 김달 작가님이 레진코믹스에서 연재한 단편 웹툰 시리즈다. 시어머니와 며느리, 젊은 연인처럼 현실적인 인물과 관계들이 나오다가도 과거를 배경으로 용, 인어, 마법사 같은 판타지적 소재가 태연히 등장하기도 한다. 마케팅 용어에 지나지 않는 듯해 이 표현을 쓰기가 썩 달갑지 않은데 '성인을 위한 동화'에 가장 가까운 만화다. 짧은 단편 스무 편을 읽으며 대사를 치는데 거의 모든 단편이 내가 어렴히 예상했던 전개대로 흘러가지 않았다. 어떤 단편은 캐릭터가 갑자기 뜬금없고 이상한 선택을 했고, 어떤 단편은 여기서 끝이라고? 싶기도 했다. 한 편도 내가 바라는 대로 흘러가는 친절함이 없었고, 종잡을 수 없는 전개와 결말로 빠졌다.

가끔 어떤 작품을 볼 때면, 이 작품을 읽은 독자가 응당 보일 법한 반응까지도 작가가 작품을 완성하는 요소로 써먹는다는 생각이 들 때가 있다. 이걸 읽고 불쾌하고 화가 나셨습니까? 당신의 그 감정까지가 제 작품의 결말입니다, 하는 식으로. 블랙코미디의 대가, 한국 최고의 풍자만화가 김달 작가님께 연락을 드렸다.

안녕하세요? ……(어찌구저찌구)……

> ……그냥 작가님께서 그리고 싶은 것을 그려주시면 되겠습니다.

답장이 왔다……

> 제안 감사합니다.
> 기쁘게 참여하고 싶습니다.

그간 김달 작가님이 그려온 만화들을 생각하니 이 두 줄의 짧은 승낙의 말이 또다시 무서워졌다. 뭘 그리려고 이렇게 간단히, 흔쾌히 승낙하실까 하는 마음으로 살짝 여쭈어보았다.

> 아직 확정한 것은 아니지만, 아이를 낳고 경력 단절이 되자 자괴감에 빠진 엄마가 아이를 죽여 없애고 직장에서 승승장구하는 이야기가 될 것 같습니다.

역시 Girls can do anything……
　픽션 속에서 일어나는 사건, 폭력, 혐오가 현실에서도 만연하다는 사실을 인식하고 있으며 이를 구별하고 있다,

라는 말. 흔히 하는 변명이다. 나도 때로는 부끄럽다. 정치적인 올바름과 표현의 자유 사이에서 갈피를 못 잡겠다. 그래도 '문제 있는 작품'과 '문제작'은 다르다는 것은 안다. 어떤 작품은 정말로 문제다. 예를 들어 뚱뚱한 여자를 조롱, 희롱하고 유달리 게으르게 묘사함으로써 특정 체형을 가진 사람들로 하여금 인격적으로 모멸감이 들게 하는 작품은 문제가 있는 작품이다. 만약 착한 만화라면 뚱뚱한 여자가 자신의 체형을 긍정하고 남성들의 시선에서 벗어나 그 자체로 당당하고 즐겁게 살아가는 이야기를 담고 있을 것이다.

하지만 내겐 예뻐지고 싶은 욕망을 가진 뚱뚱하고 못생긴 여자 주인공과 그런 인물이 등장하는 만화가 문제 있는 작품이라고는 생각되지 않는다. 어떤 캐릭터가, 아니면 내 주위의 어떤 사람이라도 지금보다 예뻐지고 싶어한다면 그들을 응원해주고 싶다. 예뻐지고 싶은 마음 자체는 잘못이 아니지 않나? 나도 예뻐지고 싶다. 아주 사소하게라도, 평소보다 신경을 썼는데 예쁘다는 말을 들으면 기분이 좋긴 하다. 이 사실을 부정하고 살 수 있나? 정말 지탄을 받아야 하는 나쁜 것은 예쁘지 않은 사람을 괄시하고 차별하는 사람이다. 만화 주인공이 못생겼든 뚱뚱하든, 그래서 예뻐지고 싶어하든 어쨌든,

못생긴 사람과 예쁜 사람이 함께 존재하며 살아가고 있는 이 세상 속 모두가 바라는 건 예뻐도 안 예뻐도 아무 상관없는 세상일 거다.

만화에는 좋고 나쁘고 빻았고 모든 걸 다 떠나서 욕망과 욕구 앞에서 겨우, 고작, 한낱 인간이 되는 모습이 주는 기괴하고 산뜻한 쾌가 있다. 예뻐지고 싶어서, 섹스하고 싶어서, 죽고 싶어서, 살고 싶어서 별짓을 다 하는 사람들, 그런 별것도 아닌 인간의 모습. 그것이야말로 픽션이 주는 카타르시스라 생각한다. 따분하고 지루하고 안전한 방구석에 누워 볼 수 있는 인간 욕망 차력쇼, 대리 체험의 쾌.

사실 세 작가님을 섭외하면서 누차 강조했던 이야기는 나쁜 만화도 나쁜 만화지만 '그리고 싶은 걸 그려보자'였다. 각 작가님들이 자신의 장기라면 장기, 개인기를 발휘하여 허구 속에서 가장 즐거운, 나쁜 짓들을 원하는 대로 한번 그려보는 것을 바랐다. 누구의 비위도 거스르지 않고, 누구에게도 상처를 남기지 않는 무균의 위생적인 창작은 불가능하다.『북두의 권』에 나온 명대사를 빌리자면 그런 창작은 "이미 죽어 있다". 올바름을 위한 '고민'과 혹시 내 만화의 어떤 부분이 잘못됐을까 하는 '전전긍긍'은 다르다. 전전긍긍

속에서 재밌는 만화가 나올 수 있을까? 내가 생각했을 때 진짜 나쁜 만화는 이미 죽어 있어서 아무런 재미도 없는 만화다. 착한 만화든 나쁜 만화든 재미없다면 좋은 만화가 될 수 없다. 그러니까 만약 누군가 무엇을 위해 기라성 같은 세 작가님을 모시고 이런 주제의 책▪을 만들었냐고 물어본다면 무엇보다도 재밌는 만화를 보고 싶어서, 라고 말하겠다.

▌『도덕적 해이』(빗금, 2023). 독자의 확고한 취향과 창작자의 거침없는 발상을 존중하며 탄생한 브랜드 빗금의 첫 책. 안나래, 김달, 스미마 작가가 '도덕적 해이'라는 주제로 독자들의 말초와 역린을 건드리는 작품을 선보이는 작품집.

2023년 오늘의 우리만화상 심사 이야기

그래! 공신력과 권위가 있는 기관에서 선정하는 만화는 좋은 만화일 거야! 라고 말할 수 있을까? 물론 '있다'. 선정 기준과 전문적인 심사위원이 있고, 1999년부터 오랜 시간 운영되어온 상이다. 그런데 뭐랄까. 공로상 한 작품. 성별과 세대 불문 대중적으로 보기 좋은 '모범 웹툰' 둘. 그리고 왠지 모르게 '기특하다'라는 말이 절로 나오는 신인 만화가의 작품 둘. 이런 쿼터제로 다섯 작품을 선정하고 있다는 인상이다. 독자들의 랭킹과 온전한 상업적 재미와는 조금 동떨어져 있지 않나 하는.

……이라고 이야기했던 '오늘의 우리만화상'의 심사를 맡게 되었다. 저런 이야기를 어디 가서 나불댔냐면 바로 이 책의 266~267페이지에서 했다. 토씨 한 자 안 틀리고 그대로 있을 것이다. 자나 깨나 불 조심, 꺼진

불도 다시 보자. 입도 자나 깨나 조심할 수 있으나 뱉은 말을 다시 주워 담을 수 없으니 오호통재라…… 그렇다고 해서 심사를 마치고 이 글을 작성하고 있는 지금 오늘의 우리만화상에 대한 나의 생각은 크게 변함없다. 관계자가 되었다고 해서 비겁하게 원고를 고치는 짓은 하지 않을 것이다.

귀한 시간 내어 이런 책을 읽고 있는 독자분들도 뭔가는 얻어 갈 수 있어야 하니 말이다. '언제 어디서 뱉었던 말이 돌아올지 모르니 입단속하고 살아야 한다'라는 메시지를 얻어 갈 수 있다면. 아무튼 이렇게 된 이상 과감하고 새롭게 작품을 선정해보겠다는 의지를 다지며 전화위복을 외쳤다.

나는 2차 선정위원으로 심사에 참여하게 되었다. 2차 선정은 1차 선정 후 후보로 올라온 작품을 쉰 편으로, 그리고 그 쉰 편의 작품을 또 한번 열다섯 편으로 추려 최종 후보작을 선정하는 일이었다. 1차 선정작들을 전체적으로 살펴본 후 리스트에 없으나 후보에 올리고 싶은 작품이 있다면 2차 선정위원으로서 추가해달라는 이야기를 들었다. 1차 선정작이 정리된 파일을 열었는데 약 삼백 편의 작품들이 있었고, 『드래곤볼』의 천하제일 무술대회처럼 요 몇 년 사이 이름 한 번 들어본 적 있는 만화나 웹툰은 모두 리스트에 있는 것 같았다. 없는 작품이 있을까 하는 생각으로 살펴보는데 없는 게 있긴 있었다. 하여 내가 추가한 작품은 아래와 같다.

〈부르다가 내가 죽을 여자 뮤지션〉(들개이빨 웹툰, 카카오웹툰)
〈영원한 샘〉(날구 만화, 포스타입)
〈용이 비를 내리는 나라〉(썸머 웹툰, 디앤씨웹툰비즈)
〈격기3반〉(이학 웹툰, 네이버웹툰)
『지영』(지영 만화, 주로출판사)

들개이빨 작가님의 신작 웹툰 〈부르다가 내가 죽을 여자 뮤지션〉은 주인공 들빨개빨이 썩 유명하진 않으나 은쟁반에 옥구슬 굴러가는 목소리의 소유자이자(그런 묘사는 나오지 않지만) 어딘가 사연 가득해 보이는 매력적인 여자 뮤지션 '★'을 사랑, 추종, 염원하며 점점 걷잡을 수 없는 관계에 이르게 되는 일상 에세이 개그 드라마 GL 웹툰이다. 뭔 소린지 모르겠어. 그런 생각이 들면 직접 보러 가면 된다. 바로 그것을 노렸다. 나도 이 웹툰을 설명하는 데 자신이 없다.

어디까지가 작가님의 실화이고 어디부터는 픽션인지

경계선이 아주 절묘한(이미 그런 건 상관없기도 하다. 경계선이고 뭐고 선이란 선은 다 넘으며 그리고 계시다) 작품으로, 2022년 아니 에르노가 노벨문학상을 받았으니 2023년에는 들개이빨 작가님이 받을 줄 알았다. 진심으로. 들개이빨 작가님이 노벨문학상을 받지 못하는 것은 오직 그가 동북아시아 여성이라는 지역적·성별적·인종적 한계 때문이다. 하지만 연재를 시작한 지 얼마 되지 않은 〈부르다가 내가 죽을 여자 뮤지션〉에 상을 주는 것은 작품이 아니라 '들개이빨'이라는 이름값에 주는 것에 지나지 않는다는 의견과 함께 최종 후보에는 들지 못했다. 이처럼 아직 '전성기(작품이 가장 흥미진진한 구간)'가 오지 않은 작품이나 다음 해를 노릴 수 있는 작품은 올해의 수상 후보에서 제외될 수도 있구나 싶었다.

  냘구 작가님의 〈영원한 샘〉을 추천하면서 생각했다. 냘구 작가님은 천재 만화가다. 작가님이 최근에 그린 단편 중 신체를 부품처럼 구매하는 세계관을 배경으로 이상적인 여자를 완성해간다는 만화 〈카나리아 만들기〉를 읽으며 불쾌함, 상쾌함, 그리고 유쾌함, 세 가지의 쾌가 동시에 느껴지며 이어지는 경험을 했다.

  흡혈귀와 인간의 우정(혹은 사랑)을 그린 장편 연재작

〈영원한 샘〉은 일견 흔한 소재이자 숱하게 다뤄져온 이야기라는 생각이 들 수 있다. 흡혈귀씨는 어느 날 밤 (아마도) 소년처럼 보이는 한 남자의 피를 빤다. 죽은 남자를 보며 죄책감에 시달리는 흡혈귀씨(방금 본인이 죽였으면서). 다음 장면에서 소년에 가까운 모습을 하고 있던 남자가 다시 등장하며 이와 같은 사실을 알려준다. 나는 소년이 아니고, '불사신'이라는 사실을. 불사신씨가 피를 안정적으로 공급해주겠다는 조건으로 두 사람은 기묘한 동거를 시작한다. 거대 플랫폼이 아닌 개인 창작 플랫폼 포스타입에서 비정기적으로 연재중이기에 우려했지만, 그런 조건이나 사실은 중요치 않았다. 최종 후보작에 들어갈 뻔했으나 들지 못해 아쉬웠다. 올해 너무 나다 긴다 하는 만화가 많은 탓이다.

  썸머 작가님의 〈용이 비를 내리는 나라〉는 대한민국 만화의 국격을 높여주고 있는 BL 웹툰이 한 작품도 후보에 없다는 사실에 분개하여 추가한 타이틀이다. 마음 같아선 킹화첩, 아니 〈야화첩〉을 넣고 싶었지만 오늘의 '우리' 만화상인 만큼 전 연령이 읽을 수 있는 웹툰을 추가했다. 그런 이유를 떠나서도 〈용이 비를 내리는 나라〉는 훌륭한 작품이다. 같은 작가님의 〈소라의 눈〉 또한 걸작이다. 사랑보다 더 큰 사랑. 아직 이름을 찾아

붙일 수 없어 어쩔 수 없이 사랑이라고 부르는 어떠한 거대한 감정. 그것이 썸머 작가님의 작품 속 인물들이 언제나 나누는 마음들이다.

이학 작가님의 〈격기3반〉은 왜 후보에 없는지 의아할 정도였는데, 이만큼 인간의 나약함과 폭력에 대해 진지하게 고찰하고, 정면으로 돌파하는 작품이 없다고 생각했기 때문이다. 강함과 정의를 연결 짓는 격투 만화가 많은데 〈격기3반〉에는 어쭙잖게 정의라든지, 대의라든지 그런 이야기가 나오지 않는 점이 좋다. 어떤 만화가 수작이 되려면 기존의 것은 '좆 깔 줄' 아는 파격을 지녀야 한다. 이학 작가님만큼 액션 신을 그리는 작가도 없고 말이다. 응당 후보작으로서 이름을 올려야 하는 작품이다.

하지만 〈용이 비를 내리는 나라〉와 〈격기3반〉 모두 아쉽게 최종 후보에는 들지 못했다. 아무래도 이미 연재 시기가 제법 된 작품은 '올해' 가장 뛰어났던 작품보다 주목받기가 힘든 것 같다.

지영 작가님의 『지영』에 대해서 이야기하는 것은 내게 아직 요원한 일이다. 좋았어요, 재밌었어요 말고는 이 작품에 대해 뭐라 말해야 할지 잘 모르겠다. 단지 좋았고 재밌었다고 이야기해도 되는지도 잘 모르겠다. 뭐가 좋았고 뭐가 재밌는지 설명하기가 힘들다. 내 안에서 충분히 소화가 되어야 뭔 얘기라도 꺼낼 수 있는데 소화는커녕 애초에 이 책을 두 번, 세 번, 여러 번 읽기가 힘들기 때문이다. 힘들고, 보고 있으면 눈물이 나면서, 좀 무섭기도 하다. 그런데도 나는 오늘의 우리만화상 심사를 하게 되었을 때 이 작품에 상이 돌아가게 하고픈 마음이었다. 솔직히 말해서 거의 그 마음뿐이었다. 이런 자격 없는 선정위원이 다 있다.

『지영』은 성 판매 일을 하는 작가 지영이 자신의 일상을 그린 에세이 만화다. 어쩌면 직업 만화일 수도 있겠다. 자기가 하는 일에 대한 고민과 고찰과 고충 같은 것을 여실하게 그리고 있다. 사람들의 머릿속에 성을 판매하는 여성이라고 하면 무엇이 떠오를까. 엄청 이상한 사람을 떠올리겠지. 왜 그런 일을 하나 싶을 거고. 그런 인간 내 주변에는 절대 없다고 생각하면서.

근데 나라고 크게 다르지도 않다. 내 주변에 그런 사람은 없(는 것 같)고, 있다면 좀더 건강하고 안정적인 일을 할 수 없나? 라고 생각할 거다. 건강하고 안정적인 일이 무엇이길래? 모던바로 출근하는 지영이란 사람은 "홀복을 입고 구두를 신고 현금을 들고 길거리를 활보하는 여자, 나는 술집 여자다!" 하고 이야기한다.

만약에 출근길에 내 옆에서 누군가 이런 인사말을 건넨다면 나도 모르게 '나는 만화 편집자다!' 하고 맞인사를 할 것 같다. 물론 속으로만.

"이런 것도 강간이라고 하는 건가? 됐다 강간은 무슨 강간이야~ 이게 강간이면 나는 강간 백 번은 당했겠다!" 나는 이 대사가 나오는 장면을 보면서 웃다가 울었다. 어떤 이가 자기 일의 괴로움 따위를 쌀쌀히 자조하는 것은 분명 해학적인 이야기인데 도저히 웃을 이야기가 아니라서. 강간이라니, 백 번을 당했다니. 그런데 그렇게 생각하면 강간을 백 번 당한 사람이 되니까 웃어넘기는 지영씨가 너무 고약하다.

지영씨가 이런 자기 처지나 상황을 두고 농담(과 비슷한 어조로)을 할 수 있는 게 내겐 너무 고약한 것이다. 세상 사람들 다 보는 책에 이런 이야기를 뱉을 수 있다는 것이. 대체 어떤 사람이어야 이런 이야기를 세상에 꺼낼 수 있지. 지영씨의 자조에 나도 일단 웃어버렸는데 금세 입꼬리를 내리고 묻고 싶어진다. 하하하. 지영씨 근데요, 이거 웃으라고 한 말인가요? 지영씨는 뭐라고 대답하실까. 정답은 "그래…… 니 좆대로 생각해라"다. 그가 만화를 끝맺으며 마지막으로 한 이야기다.

『지영』을 읽고 분명하게 드는 마음. 지영씨를 만나보고 싶다. 지영씨의 시간과 마음이 허락한다면 이야기를 나누고 싶다. 사는 거 거지같다는 이야기를 하고 싶다. 처음이란 건 왜 이렇게 다 어색하고 어려운지, 왜 여러 번 해도 익숙해지지 않는 일이란 게 있는 건지, 왜 해도 해도 일은 좆같은 건지. 사람들 대하는 거 너무 빡세지 않은지, 인간관계가 제일 어렵지 않은지. 그런 이야기를 하고 싶다. 그리고 마지막으론 지영씨가 얼마나 대단한 만화가고 대단한 에세이스트인지 혼자 침을 튀기며 이야기하고 싶다.

"지영이는 지영이의 진짜 이름이 아니"기에 나는 지영씨의 이름도 모르지만 이 책 속 지영씨의 이야기를 읽고 있으면 지영씨를 한번쯤 보고 싶어진다. 오늘의 우리만화상 최종심에 오른 열다섯 작품이 공개됐을 때 내 SNS에 누군가 인용 트윗으로 '모던바에서 일하는 애 이야기가 여기 왜 있음?'이라고 남긴 것을 보았다. 근데 나는 다른 누구보다 모던바에서 일하는 지영씨가 궁금하다.

『지영』이라는 작품에 대해 뭐라고 말해야 할지 여전히 모르겠다. 오늘을 살아가는 우리가 읽어야 할 이야기가 뭔지도 모르겠다. 근데 지영씨 만화는 너무 재밌고, 지영씨 만화 진짜 잘 그린다고 말하고 싶다. 이런 이야기를 언젠가 어디선가 지영씨에게 직접 전할 수 있으면 좋을 텐데 지영씨의 시간은 허락해주지 않았다.

오늘의 우리만화상에는 완성도, 작품성과 더불어 '동시대성'이라는 채점 항목이 있다. 솔직히 말해서 한 번도 생각해본 적 없었다. 오늘 내가 무슨 만화를 읽고 있는지, 오늘 당신이 무슨 만화를 읽으면 좋을지. 오직 만화는 재밌으면 장땡이라는 생각뿐이었다. 물론 장땡이 맞긴 한데, 그런 만화도 있었다. 늦어서도 안 되고 일러서도 안 되고 '오늘'이라는 시대에 읽어야 장땡인 만화. '나'만 읽는 게 아니라 가능한 한 더 많은 '우리'가 읽어야 장땡인 만화가. 지영씨 없는 세상과 시대에 남겨져 『지영』을 읽으며 한 생각이다.

순정 만화 불감증

나는 이제 순정 만화를 읽어도 설레지 않는 걸까? 하하, 녀석들 놀고들 있네! 수고들 해라. 이모는 이만 빠지마! 교복 입고 사랑을 나누는 십대 청소년들의 이야기를 보고 있으면 솔직히 이런 생각이 든다. 이런 생각만 든다. 늙은 척하는 게 아니라 '순정' '연애' '사랑' 고작 이 세 단어를 쓰는 동안에도 낯간지럽고 닭살이 돋는다. 내 삶과 거리가 먼 단어들이다. 사는 동안 딱히 내 것이었던 적조차 없는 개념들처럼 느껴진다. '그런 걸' 한 지 너무 오래되었다. 정확한 시기는 모르겠으나 그사이 정권이 두 번은 바뀌었다. (물론 어떤 정권은 오 년을 다하지 못했다.) 누군가와 마주보고, 손을 잡고, 입을 맞추는 나를 상상하면 끔찍하다. 나 지금 무슨 짓을 하는 거야. 얼른 그분(한 여자의 머릿속에서 갑자기 뽀뽀를 받은 사람)께 사과해…… 그런 생각이 들 정도로 너무 겸연쩍고 낯설고, 아무튼 그렇다.

하지만 내가 염치없이 삼 년 사귄 연인이 하늘에서 돌연 떨어지기 바라는 건 아니고, 연애에 시큰둥한 것도 문제가 아니다. 문제는 순정 만화를 보면서 더이상 설레지 않는 나다. 나, 앞으로 살면서 보고 싶고 봐야 할 순정 만화들이 많다고. 이거 설마 불감증은 아니겠지.

지금은 비록 불감증을 의심하고 있지만 순정 만화는 내게 의미가 아주 큰 장르다. 청소년 시기에 수없이 많은 밤을 애꿎은 베개를 패가며 순정 만화를 독파했다. 처음으로 내가 인터넷에서 '덕질'이라는 것을 해본 것도 순정 만화를 통해서다. 하토리 비스코의 『오란고교 호스트부』라는 만화로, 평범한 서민(?) 후지오카 하루히가 명문 귀족(?) 학교, 오란고등학교에 입학하여 돈 많고 잘생긴 남학생들의 재력에 혀를 내두르지만 줏대 있게 빚을 갚고 사랑을 쌓아가는 이야기다. 호스트부의 값비싼 항아리를 깨먹은 하루히는 남장을 하고 '남장여자' 캐릭터로서 호스트 일을 시작하는데, 당시 드라마 〈커피 프린스 1호점〉(2007)도 그렇고 여성 인물이 남장을 하고 남초 사회에 어울리는 이야기가 내 욕망을 자극했다.

각양각색의 미남들에게 둘러싸여 있는 '나', 비록 여자임을 숨기고 있지만 묘한 분위기 속에서 남성들에게 보살핌의 대상이 되는 '나', 하지만 정작 남자에 크게 관심 없는 수더분한 '나'…… 포인트는 이거다. 아무리 잘생기고 잘해주는 남자들에게 한 트럭으로 둘러싸여 있어도 그들을 연애 상대로 보지 않고 꿋꿋하고 야무지게 일에만 집중하는 '나'. 그런 털털한 내가 무구한 선의와 아방■한 표정으로 주변 인물들의(부자들의) 마음을 흔들어놓는 것. 초등학생이 품기엔 다소 추잡한 맘일 수도 있지만 글쎄다, 원래 사람들은 다 가슴속에 조금씩은 '아방수'가 되고픈 마음을 갖고 산다. 사랑받고 있어도 사랑받는지 모르는 나……(그만! 제발 그만!) 나는 그렇게 『오란고교 호스트부』로 처음으로 네이버 카페에서 덕질을 시작하며 오타쿠가 되었다.

■ 어리바리하고 귀엽고 사랑받아도 자기가 사랑받고 있는지 모르는 '눈치 없음'이 매력이 되는 캐릭터의 속성이다.

여담이지만 당시 투니버스에서 '오란고교 사교클럽'이라는 제목으로 애니메이션이 방영되었는데 '호스트부'를 '사교클럽'으로 바꾼 한국 방송사의 센스를 규탄하고 싶었다. 지금 와 생각해보면 이 이상 어떻게 청소년 애니메이션에 적합한 제목으로 로컬라이징을 하나 싶다. 호스트는 아무래도 자라나는 청소년들에게 알려줄 만한 단순 서비스직이 아니니까.

내가 가장 많이 재독을 한 만화 역시 순정 만화『너에게 닿기를』이다. 시이나 카루호의『너에게 닿기를』은 2005년부터 2017년까지 연재된 만화로, 얼마나 많이 읽었냐면 내가 중학교에 다니던 때는 만화 대여점이 성황이던 시절이었는데 대여점에 가서 오 분 이상 빌릴 책을 고르지 못하고 있으면 사장님이『너에게 닿기를』을 카운터에 준비해두셨다. 워낙 자주 빌려 가서 그런 것도 있지만 딱히 당기는 만화가 없을 때마다 습관적으로, 혹은 마음의 안식을 찾듯이『너에게 닿기를』을 대여했기 때문이다.『너에게 닿기를』은 음침한 첫인상과 내성적인 성격으로 이렇다 할 친구를 가져본 적이 없는 쿠로누마 사와코가 고등학교에 입학해 친구 치즈루와 아야네, 연인 카제하야를 만나는 이야기다. 가뜩이나 일본의 유명한 귀신 '사다코'와 이름이 비슷해 '쿠로누마와 엮이면 저주를 받는다'라는 소문까지 갖고 있는 쿠로누마지만 사실은 일일일선(一日一善), 하루에 한 번은 착한 일을 하는 것이 신조일 정도로 품성이 고운 아이다.

보통 순정 만화를 읽으면 여자, 남자 주인공의 관계성이 가장 주되고 재미있는 이야기 요소겠지만 나한테 쿠로누마라는 아이의 성장 그 자체가 너무나 두근거리고 눈부셨다. 고등학교에 와서 처음으로 자기의 진짜 모습을 오해 없이 봐준 친구들이 생겼고, 그들과 친해지고 싶다는 욕심이 생긴 쿠로누마. 그런 쿠로누마가 난 너희가 좋아! 비록 음침해서 여태까지 친구 한 명 제대로 사귀어본 적도 없는 내향인이지만! 너희랑 친구가 하고 싶어! 라고 말하는 것이 정말로 기특하고 대견했다. (난생처음으로 가까운 친구를 사귀는 소녀의 이야기에 언제쯤 감동하지 않을 수 있을까? 찐따로 태어나 찐따로 살아가며 이 글을 적고 있는 지금까지도 감동하고 있다.)

내게 순정 만화는 세상에 존재할 수 있는 온갖 여자의 마음에 대한 이야기다. 여자들은 순정 만화 속에서 모든 이야기를 할 수 있다. 그리고 아직도 인간관계가 가장 힘든 내게 순정 만화가 아름다운 이유는 이런 것들 때문이다. 너와 친구가 되고 싶어, 연인이 되고 싶어, 가까워지고 싶어. 전하고 싶은 무언가를 숨김없이 진심을 담아 말할 수 있는 것, 그리고 그렇게 말했을 때 내가 말한 그대로가 어떠한 오해도 없이 상대에게 닿는 것. 누군가를 일말의 오해 없이 바라보는 게 정말로 가능할까 라고 묻는다면 (약 1초 만에)그게 되겠냐? 하는 생각에는 변함없다. 그건 예쁘고 착한 아이와 그애를 귀여워해주는 다정한 캐릭터들이 있는 순정 만화 속에서나 가능한 일이다. 그래도 진심이란 건 마음속에 있기보단 파헤쳐지고, 건져올려지고, 그렇게 전해지기만을 기다리고 있으며, 우리는 솔직함 말곤 서로의 마음을 알 방법이 없구나…… 하는 것이 주요 부위에 털이 부숭부숭 난 어른이 된 지금의 나에게도 순정 만화가 던지는 유효한 메시지다.

  물론 순정 만화 남자 주인공의 새로운 역사를 쓴 카제하야도 빼놓을 수 없다. 카제하야는 관계에 서툰 쿠로누마를 배려하며 최대한 조금씩 천천히 다가가기 위해 안간힘을 쓰는 참으로 기특한 남자 주인공인데, 아직도 선명하게 기억나는 장면이 있다. 체육대회 날 자신의 친구 사다다와 쿠로누마(쿠로누마는 이날 당고 머리를 해서 평소보다 더, 몹시, 엄청나게 귀여운 날이었다)가 다정한 모습으로 함께 있는 것을 보곤 처음으로 눈이 뒤집혀 쿠로누마의 손을 잡고 도망친다. 가라. 가. 참지 마. 둘이 손잡고 도망가. 어디까지 가냐고? 너희 둘만 있을 수 있는 곳까지 가버리라고……! 바람이 분다, 가라! 그런 마음으로 어느 늦은 밤 애꿎은 베개를 때리고 있는 한 여중생. 추잡한 초등학생이 별다른 일

없이 추잡한 중학생이 되었을 뿐.

    그 외에도 『러브 콤플렉스』 『고고데뷔』 등의 여러 순정 만화를 읽으며 가슴을 졸였던 이 소녀는 어쩌다가 이 지경(불감증)이 되었을까? 지금에 와 여러 학원물 순정 만화, 하이틴 로맨스를 보고 있으면 이런 생각이 든다. '이 커플들 중 팔십 퍼센트는 이 난리를 치고 일 년 내로 헤어진다.' 첫사랑을 오래도록 아름답게 만나고 계신 분들도 많을 것이라 생각하지만, 너무 아픈 사랑만큼 너무 뜨거웠던 사랑도 사랑이 아니었음을. 아니 사랑일 수는 있는데 돌이켜보면 막 썩 엄청 대단한 사랑은 아니었음을. 서로의 마음을 확인하고 사귀는 것을 목표로 하는 관계와 그 과정의 문법들, 그러니까 나는 이제 사랑하는 법이라든가 누군가들이 사귀는 이야기가 크게 궁금하지는 않은 것 같다. 내가 궁금한 것은 이거다. 사랑은…… 무엇인가?

    나도 안다. 사랑이 뭔지 한마디로 딱 잘라 얘기할 수 없겠지. 하지만 사랑할 줄만 알고 사랑을 몰라도 되는 걸까? 뭔지도 모른 채 무작정 하기만 해도 되는 걸까? 물론 사랑은 언어로 정의할 수 있는 게 아니라 구체적 행위 중에 있을 때만 느껴지는, 누군가와 사랑을 하고 있을 때에 한해서만 비로소 느낄 수 있는 모종의 것이기도 할 것이다. 그렇지만 누구와 연애하지 않더라도, 어떤 감정을 분명 사랑이라고 느낀 사람들도 틀림없이 많을걸? (그럴걸?) 이를테면 내가 사랑하는 사람이 종이 속에, 화면 속에서만 존재하는 경우. 그것이 아니더라도 사랑하는 게 무엇인지, 무엇부터를 사랑이라고 부를 수 있는지, 그러한 경계선이나 지점이란 게 존재하는지, 존재하지 않는다면 우리는 어떨 때 사랑을 사랑이라고 부르곤 하는지. 내가 궁금한 것은 그런 것이었고 정확한 답은 아니지만 그 근처 어딘가에 나를 데려다준 만화가 있다.

　하양지 작가님의 『우리는 시간문제』는 대학생 배수현과 우유진의 사랑을 그린 만화다. 수현은 '탈모거북'이라는 필명으로 『이상한 복식의 남학교』라는 소설을 집필한 작가로, 유진은 그런 수현의 오랜 팬이다. 대학에 입학한 유진은 우연히 탈모거북이 자신과 같은 학교라는 것, 그리고 수현이 탈모거북이란 것을 알게 되어 그에게 접근한다. 그 접근 방식은? 갑작스럽지만 동거 제안. 읽을수록 알 수 있다. 탈모거북 배수현만큼 우유진도 보통 아닌 여자라는 것을. 어쩌면 더한 여자라는 것을. 그렇게 함께하게 된 초반의 수현과 유진을 볼 때, 솔직히 말해서 수현이 미웠다. 유진이는 너를 그렇게 좋아하는데, 너의 팬인데, 하물며 독립할 수 있게 동거도 제안해줬는데 좀더 친절하게 굴어줄 순 없는 거냐고. 매사에 시니컬하지만 자신을 좋아하는 유진에게도 특별히 다정히 굴지 않는 수현이 나는 못마땅했다. 살면서 나는 아무래도 유진이었던 쪽이 아주 많았으니까. (지금도 여전히.)

  그럼에도 내가 이 이야기에 빠져든 것은 이 두 사람이 조금씩, 천천히, 서로가 서로를 사랑하게 됐는지도 모르게 서로에게 향하는 과정 때문이다. 유진은 작가 '탈모거북' 수현에게 갖고 있던 환상과 동경을 걷어내고 수현을 인간 배수현으로 맞이하고, 수현은 유진이 보내는 사랑, 사실 별다른 단어가 없어 사랑이라 부르는 것이지 그보다 더 깊은 마음을 받아들인다. 내가 좋아했던 네가 조금씩 달라지지만, 나를 좋아하는 네가 조금씩 달리 보이기 시작하지만, 이 과정이 내겐 서로가 서로를 더욱 정확하게 바라보는 일처럼 느껴졌다.

  "네가 무슨 말을 해도, 무슨 생각을 해도 난 다 이해할 수 있어. 왜냐면 난 다 이해할 자신이 있으니까."

  『우리는 시간문제』에서 가장 좋아하는 대사지만, 유진의 말처럼 누군가를 다 이해할 수 있다는 생각은 오만이다. 누군가를 이해하려고 자세히 보고 오래

보았는데, 정말로 인간이 자세히 보니 예쁘고 오래 보니 사랑스러운 존재였던 적이 있나? 별은 멀리서 보니까 빛나는 것이지 가까이서 보면 그냥 흙덩이다.

 근데 사실 그런 건 중요하지 않다. 누군가를 다 이해할 수 있고 없고는 대수가 아니다. 유진의 대사 또한 그렇다. 유진이 수현을 다 이해할 수 있다고 말하는 근거는? 오랜 시간 지켜봐왔고, 너와 아주 가까운 사람이고, 많이 좋아하기 때문에? 유진은 그저 자신에게 그럴 '자신이 있다'고 말한다. 우리는 절대로 누군가를 정확히 이해할 수 없다는 이 자명한 불가능 앞에서 그저 그럴 자신이 있다고 말하는 저 마음. 가능과 불가능의 여부를 떠나서 나는 네게 그럴 수 있으며 그러겠다고 자신하는 거대한 마음. 그 마음과 오만한 용기가 다름 아닌 사랑이구나. 그런 생각을 했다.

 에쿠니 가오리의 소설 『언젠가 기억에서 사라진다 해도』에는 '무언가를 이해하기에 아직 어리다면 언젠가는 이해할 때가 온다. 하지만 무언가를 이해하기에 너무 늙었다면 그는 그것을 영원히 이해할 수 없다. 이는 아주 슬픈 일이다'라는 말이 나온다. 초등학생 때 우미노 치카의 『허니와 클로버』를 처음 읽고 내가 꼭 그랬다. 사랑에 빠진 미대생 언니, 오빠들은 대체 왜들 이러는

건가. 왜 가망도 없는 교수님을 좋아하고, 왜 교수님을
좋아하는 친구를 좋아하고, 왜 교수님을 좋아하면서
자기를 좋아하는 친구를 업어주고 챙겨주고 그러는 건가.
받아줄 것도 아니고. 그리고 좋아하는 사람이 있으면
있는 거지, 왜 갑자기 자전거 타고 전국 일주를 떠나는
거냔 말인가.

 그렇지만 정확히 스무 살이 된 후 다시 읽은 『허니와
클로버』는 내가 같은 만화를 본 게 맞나 싶을 정도로 내
가슴을 사정없이 두들겼다. 자전거를 타고 전국 일주를
떠난 타케모토가 비가 내리는 지역을 벗어나, 더이상
비가 내리지 않는 지역으로 페달을 밟으며 나아가는
장면은 작중에서 그다지 특별한 장면도 아닌데 아직도
선명하게 기억난다. 이 세상 어딘가에는 반드시 '비가
그치는 곳'이 있다. 이를테면 망한 사랑을 해도 괜찮은
시절 같은 것. 망했음에도 '너를 좋아하길 잘했어'라고
말할 수 있는 시절 말이다.

 그 찰나의 시절을 알 리 없는 초등학생의 나는 너무
일찍 『허니와 클로버』를 읽었던 것이고, '언젠가 이해할
때'를 스무 살이 넘어 다시 만났다. 그렇다면 내가 더이상
하이틴 로맨스, 학원물 순정 만화를 읽고 이해하지
못하는 것이 슬픈 일로 느껴지지 않는다. 그때는 몰랐던

걸 지금에 와 다시 알게 되는 순간이 있고, 여태껏 몰랐던 새로운 설렘을 발견하는 순간도 살다보면 또 언젠가 있을 테니. 벅찬 나머지 간밤에 입을 틀어막고 애꿎은 베개를 치는 것만이 아니라, 잠시 책을 덮고 대사를 곱씹으며 아득하고 거대한 마음을 상상해보는 것도 설렘이다.

'시절 인연'이라는 말처럼 어떤 이야기와 그와 닮은 삶을 살고 있는 내가 우연히, 때마침 만나 '나의 이야기'로 공명하는 순간이 있다. 무엇보다 순정 만화를 찾고 읽고 있는 나는 우리가 언제 사랑에 빠지는지, 어떻게 마음을 전하는지, 사랑을 하면 어떤 모습이 되어버리는지, 그리하여 사랑은 무엇인지 여전히 궁금하다. 이 세상의 수많은 이야기들이 어떤 시절을 통과하고 있는 저마다 다른 사람들의 사랑을 그리고 있는 한, 지금 내가 '이게 사랑이지 않을까' 하고 철석같이 믿고 있는 정의를 또 산산이 깨부숴줄 어떤 이야기가 나를 기다리고 있지 않을까.

만화책을 들고 읽던 순간

입사 오 년을 꽉 채우고 육 년 차가 되어가던 어느 날, 남은 연차에 근속 연차까지 몰아서 쓰느라 일을 시작하고 처음으로 이 주 정도를 쭉 쉬었다. 좋은 시간이었다. 얼마나 좋았냐면…… 정말 너무 좋은 시간이었다. 얼마나 좋았는지 구체적으로 써보려다가 눈물이 날 뻔했다. 그저 꿈결 같은 이 주였다고만 말할 수 있겠다. 그 꿈결 같은 이 주 동안 무엇을 했는고 하면 아무것도 안 했다. 그렇다. 아무것도.

  이 주를 쉰다고 하니 한 명도 빠지지 않고 뭐하냐, 어디 가냐, 여행은 어떻냐, 이 주면 유럽도 갈 수 있겠다고 말했지만 나는 그저 집에 있고 싶었다. 이 주 내내 침대 위에 누워만 있어도 너무너무 재밌을 것 같았다. 실제로 그랬다. 누워 있는 건 정말 즐거운 일이었다. 이 주 동안 누워 있어보기를 추천한다. 정말 재밌다. 같은 시각 일하고 있을 사람들을 생각하면 더욱 재밌다. 자아는 침대 위에서 누워만 있어도 찾을 수 있다. 이 충만감. 내가 나로 있을 수 있는 시간은 침대 위에서 가능했다. 오직 침대 위에서. 아무것도 안 해도 되는 시간. 아무도 없이 오직 혼자만 있는 시간. 평일 낮에 점심 먹고 침대에 아무것도 안 한 채 누워 있는 건 정말 엄청난 일이었다……

　이 정도면 누워 있을 만큼 누워 있었다는 생각이 들 때면 명동에 있는 서울 애니메이션센터 〈만화의 집〉에 갔다. 〈만화의 집〉은 복잡한 도심 속 '나만의 쉼표 공간'을 꿈꾸는 이들을 위한 복합 문화 공간으로, 추억을 되새기는 1990년대 만화부터 최신 애니메이션까지 4만여 권의 자료를 무료 열람할 수 있다고 한다. 홈페이지에 그렇게 적혀 있다. 참고로 만화, 웹툰, 애니메이션 등의 서브컬처 관련 문화 행사는 대관도 무료로 가능하다. 이처럼 무척 훌륭한 공간인 터라 주말에 갈 때마다 붐비는 곳인데 평일 낮에

▪ 〈만화의 집〉은 2024년 3월 31일로 운영이 종료되었다.

가니 그렇게 한적할 수가 없었다. 딱 좋은 인구 밀도. 다른 사람과 겹칠 걱정 없이 볼 수 있는 최신간들. 휴가중

며칠은 점심 먹고 이곳에 처박혀 배가 고플 때까지
만화를 봤다. 하루는 테이블에, 하루는 캠핑 의자에,
하루는 해먹에, 척추가 살살 녹는 자세로 앉아서.

  여름방학 하면 생각나는 풍경 하나. 털털털 돌아가는
선풍기. 전혀 시원해지지 않는 침대. 하루종일 먹다보니
어느새 동나 있는 수박 반 통. 침대 한편에 쌓인 만화책.
그리고 흐르는 수박 물을 대충 옷에 닦고 만화책을 보고
있는 나. 내가 중고등학교를 다니던 시절에는 만화책이나
인터넷·무협 소설을 대여해주는 대여점이 성행했다.
딱 여름방학에만 청소년들에게는 권당 백원이라는
파격적인 가격으로 대여해주었는데, 이 시기엔 아침에
일어나서 자기 전까지 만화만 봤다.

  하루에도 두세 번씩 대여점을 오가며 『원피스』
『나루토』『블리치』같은 장편 소년 만화들을 이 시기에
다 봤다. 『블리치』를 이때 처음 읽었는데 너무 재밌는
나머지 최신 권까지 하루 만에 다 읽었다. 그 당시 최신
권인 26권의 표지가 아란칼의 넘버 식스 루피였는데
이 캐릭터의 디자인이 무척 아름다워서 이 캐릭터가
활약을 할 때까진 궁금해서라도 다 보고 싶었다. 물론
그는 작중에서 금방 사라졌다. 괜찮았다. 같은 아란칼의
그림죠가 더 멋있었다. 물론 그림죠도 죽었다. 그래도

괜찮았다. 역시나 같은 아란칼의 우르키오라도 멋있었다. 물론 우르키오라도 죽었지만…… 아, 그만.

  생각해보니 이 시기에는 『나루토』에서도 비밀 범죄 조직 아카츠키가 활약했다. 아카츠키에는 사람의 시체를 꼭두각시로 부리는 인형 술사 사소리가 소속되어 있는데, 그가 인형의 탈을 벗고 진짜 얼굴을 공개했을 때는 뒤통수가 얼얼했다. 이렇게 잘생겼는데 여태까지 왜 귀한 얼굴을 가리고 있었던 건가. 아냐, 그 시간이 있었기에 감동이 더 배가된 것이겠지. 사소리의 본얼굴을 몰랐던 시간이 헛되었다고 생각하지 않는다. 단 한 페이지도. 그런 사소리 역시 루피처럼 작중에서 빠르게 사라졌다. 혹시 이것이 필요 이상으로 아름다운, 소년 만화 속 악역 미소년의 운명인 걸까. 아냐, 그 스러져감이 이들의 아름다움을 완성하는 것이겠지. 한여름 밤 불꽃놀이처럼. (딱히 여름에 친구들과 불꽃놀이 해본 적은 없지만.)

  그리고 이때는 『원피스』 워터세븐 편이 끝날 무렵이었고 고잉메리호와 이별하는 에피소드를 읽었던 것 같다. 루피와 동료들은 자신들의 첫 배였던 고잉메리호를 떠나보내면서 각자 배에 처음 올랐던 때, 배에 오르며 했던 다짐 등 추억을 떠올린다. 불에 활활 타오르던 메리호가 추억에 잠긴 이들에게 말을 건다.

'미안해. 좀더 멀리까지 모두를 데려다주고 싶었어. 하지만 난 행복했어.' 메리호의 '미안해'라는 대사가 나오자마자 엉엉 울고불고 바닥을 팍팍 치면서 만화책을 봤다. 난 『원피스』를 보면서 바닥이든 베개든 자기 가슴이든 뭔가를 팍팍 치면서 읽어본 사람과는 아무 이유 없이 친해질 수 있다고 생각한다. 이로부터 몇 년 뒤 고잉메리호와 작별하는 에피소드를 담은 〈원피스: 에피소드 오브 메리―또 하나의 동료 이야기〉(2013)를 극장에서 봤을 때도 '미안해'라는 메리호의 음성이 나오자마자 오열했다. 지금도 눈이 건조할 때마다 그 장면을 떠올린다.

  사람마다 다를 순 있지만 나는 이 시기의 '원나블'이 전성기였다고 생각한다. 가장 재밌었고, 가장 인기 있었고, 매력적인 악역이 맹활약하는 전개가 쭉쭉 이어졌다. 독자들은 열광했고, 작화도 가장 물이 올라 예뻤다. 소위 말해 가장 폼이 나던 시절이었다. 한여름에 몇십 권의 만화책을 빌려 집으로 돌아가는데 다음 이야기가 궁금해서 책들이 무거운지도 몰랐다. 집에 돌아와선 미적지근한 선풍기 바람이 더운 줄도 모른 채 몇 시간을 침대 위에서 소년들과 모험을 떠났다.

  겨울방학 하면 생각나는 풍경. 무거운 겨울용 이불

밑에 틀어둔 전기장판. 얄짤없이 전기장판 크기만큼만 뜨끈한 침대. 엄청 뜨거운 코코아. 말라비틀어진 귤껍질. 역시나 쌓여 있는 만화책. 침대에 닿은 엉덩이만 따뜻하지 시린 손으로 책장을 넘기는 나. 고등학교를 졸업하고 대학에 들어가서는 주로 아주 늦은 밤부터 새벽 내내 만화를 많이 봤다. 낮에도 보기야 했지만 새벽에 만화를 본 기억이 가장 많이 난다. 어른은 참 좋은 것 같다. 아르바이트든 뭐든 돈을 벌 수 있으니까. 밤새워 만화를 봐도 아무도 뭐라 하는 사람 없으니까. 그 돈을 벌기가 존나 힘들고, 밤새워 만화를 봐도 될 만큼 다음날이고 그다음 날이고 매일매일 아무 할 일도 없는 은둔 청년의 인생이 문제라면 조금 문제였지만……

아무튼 아르바이트를 시작하고 가장 먼저 산 것이 전질의 만화책이었다. 『기생수』『우주형제』『허니와 클로버』『충사』『모브 사이코 100』, 시미즈 레이코의 『비밀』등등. 이 시기 만화 대여점은 거의 없어지는 추세였고 만화 카페라는 곳이 생기긴 했지만 만화책을 무척 천천히 보는 나로선 시간제로 요금을 내는 그런 곳이 영 불편했다. 쓰레기 같은 자세로 앉고 눕고 엎드려 만화를 봐야 하는데 공공장소에선 그럴 수도 없었고.

그래서 그냥 샀다. 읽고 싶은 건 거의 다 샀다. 만화책

살 돈을 번 하루를 마치고 돌아와 만화책에 침잠하는 시간을 가졌다. 특히 우라사와 나오키의 만화를 본 기억이 생생하다. 처음 읽은 우라사와 나오키의 만화는 '손을 뗄 수 없다'라는 표현 그대로였다.『20세기 소년』은 거의 공포 만화에 가까운 서스펜스였고,『몬스터』는 엄청나게 몰입해 본 나머지 만화 내용도 내용이지만 책을 읽던 순간순간이 다 기억난다. 나는 '괴물은 태어나는가, 만들어지는가'라는 질문을 가장 폼나게 그린 작품이 『몬스터』라 생각한다. 그 어떤 영화, 드라마, 연극보다도. 뒤에서 누군가 쫓아오는 것처럼『몬스터』를 보는 내내 긴장하여 손끝이 차가워질 정도였는데 맨 마지막, 미세한 손길로 요한을 괴물로 만드는 그 사소하지만 결정적인 순간을 보자 오히려 그때까지 잔뜩 들어가 있던 긴장과 기합이 풀리면서 탄성이 나왔던 것 같다. 탄성보단 그냥 욕에 가까운 사자후였지만.

 네 시간이고 다섯 시간이고, 아니 그냥 시계도 보지 않고 '이거 다 보면 뭐 읽을까' 하는 고민 말고는 아무런 근심 걱정 없이 '종이' 만화책을 '들고' 보던 시간. 이 주 동안 만화책을 읽으면서 이 시절로 돌아간 것 같은 기분이 들었다. 그리고 문득 이 감각이 까마득한 오래전의 일처럼 느껴졌다. 몇 날 며칠을 아무 생각

없이, 몇 시간 내내 만화책을 들고 읽는 게 너무너무 오랜만이었던 것이다.

지금의 난 퇴근하고 집에 돌아오면 누워 있다가, 씻고 나오면 다시 또 잠깐 누워 있다가, 밥을 차려 먹으며 겨우겨우 침침한 눈으로 전자책으로 만화를 보다가 내일 출근할 생각에 얼마 읽지도 못한 채 잠드는 게 고작이다. 퇴근 후 얼마 되지 않는 시간으론 소년들의 모험에 함께할 수 없고(소년들의 여정은 직장인이 함께하기엔 너무 길다) 무엇보다 만화책을 들고 보는 게 낯선 기분이 들 정도로 새삼스러운 일이 되어 있었다.

아우구스티누스가 불안에 시달리며 정원을 서성이고 있을 때 옆집에서 'Tolle lege(집어들고 읽어라)'라는 말을 듣고 성서를 다시 읽기 시작했다고 하는데, 나는 이 말 중에서 읽으란 말보다 집어들란 말이 더 가슴에 와 박힌다. 책은 원래 집어들고 읽는 것인데. 하물며 만화책은 더더욱. 가볍고 작고, 유연하게 펼쳐지는 중질지로 제본된 만화책이야말로 성서보다도 이 말에 더 잘 어울린다. 어제 전자책으로 본 만화의 캐릭터 이름은 뭐였더라 가물가물할 때가 있는데 십 년 전에 본 어떤 장면은 몇 권의 좌수(혹은 우수)에 실렸는지까지 정확히 기억이 나는 걸 보면 더욱 그러하다.

그땐 종이 만화책을 들고 보는 시간이 소중해질 거라곤 생각도 못했다. 아니 생각할 수 있을 리가 없다. 하루종일 만화책만 읽는 쓰레기가 그런 미래지향적인 생각을 할 수 있을 리가. 아니, 하지 마. 할 필요도 없다. 그냥 만화만 봐. 더 봐. 한 권이라도, 한 페이지라도 더 봐. 제발. (영화 〈인터스텔라〉(2014)의 책장 신처럼 애원하고 있다.) 이 주 동안 아무것도 안 하고 만화만 봤지만 여행을 갔다 온 것처럼 멀리 다녀온 기분이다. 쉬는 동안 뭐했냐는 물음들에 조금 겸연쩍게 만화책만 봤다고 답했지만 잠시 그 시절에 다녀온 것만으로도 나에겐 더할 나위 없는 시간이었다. 앞으로 또 언제 이런 시간이 있을까? 있을 수 있을까?

오랜만에 다시 읽은 히구치 아사의 『크게 휘두르며』에서 팀의 4번 타자인 타지마가 하나이에게 '넌 (야구로) 어디까지 가고 싶어?'라고 묻는 장면을 보았다. 신생에 1학년으로만 이루어진 야구부지만 진심으로 고시엔에 갈 수 있다고 생각하는 타지마가 뜨뜻미지근하게 야구를 하는 하나이에게 목표를 묻는 장면이다. 이 장면에서 문득 그런 예감이 들었다. 야구는 아니지만 나는 아마도 살아 있는 동안, 시력이 온전한 동안은 만화를 읽을 것 같다. 동시에 이런 예감도 들었다.

그러나 솔직히 말해 앞으로는 어떤 만화를 읽어도 그 시절만큼 재밌게 볼 수는 없을 것 같다고. 그건 내가 아무리 읽고 읽어도 어떻게 할 수 있는 일이 아니라고. 이 문장을 쓰면서 결국 눈물이 났다.

스위밍꿀 에세이
펀치: 어떤 만화 편집자 이야기
© 김해인 2024

1판 1쇄	2024년 6월 26일	**1판 2쇄**	2025년 6월 15일

지은이　김해인
펴낸이　황예인
편집　　황예인 이민희
디자인　함익례

펴낸곳　　스위밍꿀
출판등록　2016년 12월 7일 제2016-000342호
주소　　　서울특별시 마포구 양화로 58
연락처　　swimmingkul@gmail.com
ISBN　　979-11-93773-04-8 03810

이 책의 판권은 지은이와 스위밍꿀에 있습니다.
이 책 내용의 전부 또는 일부를 재사용하려면 반드시 양측의 서면 동의를 받아야 합니다.